E AGORA?
MEU FILHO NÃO GOSTA DE ESTUDAR!

Tatiana Sessa

E AGORA?
MEU FILHO NÃO GOSTA DE ESTUDAR!

APRENDA A REVERTER
ESSA SITUAÇÃO

2ª edição

CIP-BRASIL. CATALOGAÇÃO-NA-FONTE
SINDICATO NACIONAL DOS EDITORES DE LIVROS, RJ.

Sessa, Tatiana
S516e   E agora?: Meu filho não gosta de estudar!/
2ª ed.   Tatiana Sessa. – 2ª ed. – Rio de Janeiro
BestSeller, 2011.

ISBN 978-85-7684-373-3

1. Educação de crianças. 2. Crianças –
Desenvolvimento. 3.Crianças – Formação. 4. Mães e
filhos. 5. Aprendizagem.
I. Título.

10-3695   CDD: 372.21
                                           CDU: 372.3

Texto revisado segundo o novo Acordo Ortográfico da Língua Portuguesa.

Título original
E AGORA? MEU FILHO NÃO QUER ESTUDAR
Copyright © 2009 by Tatiana Sessa

Capa: Sérgio Campante
Projeto gráfico de miolo e diagramação: editoriârte

Todos os direitos reservados. Proibida a reprodução,
no todo ou em parte, sem autorização prévia por escrito da editora,
sejam quais forem os meios empregados.

Direitos exclusivos de publicação em língua portuguesa para o Brasil
reservados pela
Editora Best Seller Ltda.
Rua Argentina, 171, parte, São Cristóvão
Rio de Janeiro, RJ – 20921-380

Impresso no Brasil

ISBN 978-85-7684-373-3

Seja um leitor preferencial Record.
Cadastre-se e receba informações sobre nossos lançamentos
e nossas promoções.

Atendimento e venda direta ao leitor:
mdireto@record.com.br ou (21) 2585-2002

Agradecimentos

Agradeço aos meus pais por sempre me encorajarem a continuar escalando.

Agradeço a todos os meus alunos. Na verdade, eles foram grandes mestres. Obrigada a todos os pais que orientei por terem dividido as suas ansiedades e a confiarem em mim.

Agradeço aos profissionais da educação com os quais trabalhei e trabalho pela incessante e diária troca de experiência e por somarem força.

O meu agradecimento ao Victor, sua simples escuta foi um grande estímulo.

Agradeço também a minha irmã e família por cada palavra de incentivo. Especialmente a Maria Belfiore.

Obrigada a minha filha Manuela, apesar de ter nascido após a elaboração da obra, pensar sobre a educação dela já foi uma grande inspiração.

Sumário

Introdução		9
Capítulo 1:	Seu filho não nasceu assim!	13
Capítulo 2:	Entenda a época na qual seu filho nasceu	25
Capítulo 3:	Escravo do próprio filho?	39
Capítulo 4:	Pais "oculpados"?	51
Capítulo 5:	Pedagogia doméstica	59
Capítulo 6:	O que é necessário saber sobre o estudo?	69
Capítulo 7:	Organize a bagunça!	81
Capítulo 8:	As inteligências múltiplas	103
Capítulo 9:	Desenvolva o sucesso	113
Capítulo 10:	Educar+ação	127
Capítulo 11:	A criatividade	139
Capítulo 12:	Os perigos da desmotivação	149
Capítulo 13:	As regras básicas de convivência	159
Capítulo 14:	Para que estudar isso?	167
Capítulo 15:	Como você está?	179
Conclusão		187
30 dicas para os pais refletirem		199

Introdução

O desejo de todos os pais é poder encaminhar os filhos para o sucesso.

Cada ser humano já tem uma imagem, uma expectativa sobre sua prole, antes mesmo de ela vir ao mundo. A mulher, desde menina, nas brincadeiras de casinha já pensa em um nome para seu filho ou filha e também ensaia os cuidados com a boneca. O homem também. Quer encaminhar o filho para as atividades que adorava realizar na infância. Um flashback prazeroso. Ambos torcem para que aquela criança, que carrega os seus sobrenomes, desenvolva-se.

Vivemos em um mundo pós-moderno, cheio de facilidades e dificuldades. Imersos em um mercado de trabalho repleto de exigências. Comumente vemos que o jovem apresenta o seguinte discurso: "Não gosto de estudar!" "Estudar é chato!"

A repulsa pelos livros tem preocupado muito os educadores. A falta do hábito de estudar afasta a criança da superação de si mesma. Educar é conduzi-la a um movimento de busca para produzir o próprio conhecimento. Por isso, as regras e o acompanhamento dos pais são extremamente importantes.

O convite para a aprendizagem é feito no dia a dia. Diante dos acontecimentos mais simples do cotidiano, é possível instigar a procura das respostas essenciais para um ser humano. Mas a vida estressante dos pais, muitas vezes, dificulta o diálogo produtivo, que viabilize o prazer de estudar. Então, as conversas transformam-se em verdadeiras batalhas entre pais e filhos.

De forma simples e clara, os capítulos desta obra revelam por onde começar. Como despertar o olhar de um pesquisador? Como as regras, inicialmente, serão necessárias para fazer uma ponte até o prazer de descobrir o sucesso?

É preciso conscientizar a criança de que o estudo é uma ferramenta para a busca dos próprios sonhos!

Nunca se esqueça de que educar é um desafio contínuo e de que cada filho possui talentos para serem aprimorados. Esse reconhecimento depende da elevação da autoestima dele, de uma boa administração do tempo, além de muita disciplina, tanto dos pais quanto dos filhos.

Vamos lapidar esse verdadeiro diamante que você tem em casa? Vamos abrir as portas e janelas da sabedoria?

Como psicóloga, professora, pesquisadora, orientadora educacional e palestrante, por alguns anos tenho feito um grande laboratório. No divã, no pátio da escola, na sala da Orientação Educacional, no diálogo com pais e professores, busco chegar às

INTRODUÇÃO

razões que levam a criança ou o adolescente ao desinteresse pelo conhecimento.

Neste livro, procuro sintetizar essas descobertas e dividir com você reflexões que o levarão a realizar estratégias de sucesso com seu filho.

capítulo

Seu filho não nasceu assim!

Observe um bebê. Ele nasce para explorar. Com os olhos, as mãos, com todos os sentidos, ele tenta conhecer o mundo e entendê-lo melhor.

Um bebê não é passivo. Ele não se conforma se não alcançar um objeto desejado. Ele chora, usa a linguagem corporal para pedir ajuda aos pais. Quando suas mãos encontram o objeto, o bebê age como um perfeito engenheiro. Desmonta, tenta compreender suas funções, mas se não acerta a função adequada ele cria alternativas para brincar.

O bebê não se compara com os demais. Ele é ele mesmo! Não se importa com a moda. Se quiser o brinquedo do outro bebê, vai à luta. Não pede para os pais comprarem. Só mais tarde isso começa a ocorrer.

A mãe e o pai (por que não incluí-lo?) deixam de dormir, esquecem-se até de escovar os dentes, muitas vezes, para monitorar aquele pequeno ser. Cada respiração é observada, interpretada. Eles depositam muita energia para que o bebê esteja bem e saudável.

O raciocínio acontece por repetição e organização de padrões. Desde bem pequeno o bebê estuda seu ambiente.

A curiosidade é uma capacidade natural; ela existe em várias espécies animais. Todos nós investigamos, exploramos, aprendemos e compilamos as novas informações às que já possuímos.

Nos primeiros anos, a criança está aberta para receber informações; por isso é importante contar muitas histórias, cantarolar músicas e brincar bastante. A partir dos 5 ou 6 anos é o momento do desenvolvimento, em que o cérebro da criança começa a se especializar. Os hemisférios direito e esquerdo passam a ocupar-se de funções diferentes e bem-definidas. Emoção e razão começam a se harmonizar e se adequar ao ambiente.

Há a hipótese da lateralização do cérebro. A neurologia demonstra que os dois hemisférios cerebrais desempenham diferentes funções. No lado esquerdo está o campo lógico, analítico; enquanto no direito está o criativo, artístico, sensível à música, responsável pelas emoções e especializado em percepção e construção de modelos e estruturas de conhecimento. O hemisfério direito seria, por assim dizer, a porta de entrada das experiências e a área de processamento dessas experiências para transformá-las em conhecimento.

Em seus primeiros dias de escola, algumas crianças sofrem para se separar da mãe, outras entram na escolinha e nem dão tchau. Cada uma tem sua peculiaridade; algumas são mais inibidas diante do desconhecido, pois são grandes pesquisadoras e boas observadoras. Outras se mostram curiosas demais, verdadeiras exibicionistas, interagem. Seu filho está em um polo ou outro, e ambos são positivos, caso ele saiba usar essa característica a seu favor. O equilíbrio também existe e é o ponto ideal.

Existem crianças e adolescentes com dislexia (dificuldade na leitura e escrita), distúrbios na aprendizagem, problemas fonoaudiológicos, deficiências mentais etc. Este livro aborda a desmotivação nos estudos, ou seja, quando todas as questões citadas estão descartadas e a criança simplesmente se recusa a ir em busca do conhecimento.

Alguns pais dizem: "Meu filho nunca gostou de estudar!" Se refletirem mais um pouco, eles descobrem que o filho se interessa por algo profundamente. Esse interesse é o canal para a descoberta da vocação. Outros pais concluem que em algum ponto da história do filho, este passou a não se interessar mais. Em certa série, alguma idade, tudo mudou. Você pode começar a refrescar a memória. Quando foi que ele abandonou a aptidão natural para estudar?

Um paciente meu conta a seguinte história. Na alfabetização, ele tinha muita dificuldade para escrever determinado número. Escrevia e a professora apagava, escrevia e ela apagava. Até que, tomada por uma irritação injusta, ela rasgou a folha do caderno. Seu pai sempre lhe ensinara que arrancar a folha do caderno era feio. Ele somou isso ao olhar e atitude de desaprovação da professora. E, mesmo depois de formado, relembra esse episódio com sofrimento. Afinal, ser desaprovado quando demonstra todo o esforço é algo decepcionante.

Os pais conhecem muito bem seus filhos. Mas existem momentos na história da criança que se tornam verdadeiros traumas. Trauma significa um choque emocional; é um evento marcante, que cria uma dificuldade muito grande em falar sobre o assunto. Portanto, a criança esconde, tranca a sete chaves e não divide. Mas ali ficou uma marca impressa. Talvez um atestado de incompetência relacionado aos estudos.

É interessante fazer um trabalho "arqueológico" com seu filho. Será que há algum trauma, um evento ou uma ocorrência que ele nunca partilhou contigo?

Até os 2 anos a criança encontra-se na fase oral; a boca é um instrumento para explorar. Ela confia ou não nos objetos e nas pessoas. A autoconfiança é característica fundamental para aprimorar e expandir o interesse nas coisas. A criança que não confia em poder vencer foge dos desafios, se apavora antes de tentar. Amolece, desvia a atenção, mas não necessariamente essa atitude é fácil para ela.

Depois ela precisa aprender a controlar o próprio corpo. Necessita utilizar o banheiro. Fica contente quando faz as próprias fezes, conta para a mãe, se despede delas quando dá descarga. Nesse momento, ela pode satisfazer-se brincando com terra, com argila.

A criança trabalha, e muito. Passa todo o tempo tentando se adaptar a este mundo novo. A criança gosta de aprender, e usa a brincadeira para isso. Está formando seu acervo mental de experiências. Quando se depara com o sucesso em uma atividade, corre, feliz, para contar aos outros. Na verdade, ela utiliza a brincadeira para entender a realidade. Quando briga com a boneca, a criança está tentando compreender a bronca que levou da mãe. Passando do papel passivo para o ativo, ela começa a se colocar no lugar do outro para investigar como as pessoas pensam.

O instinto de pesquisa aumenta a partir da curiosidade sexual. A diferença anatômica entre homem e mulher faz a criança pensar em mil explicações. Ela cria várias teorias. Um delas é que a mãe foi castrada. Como pode o homem ter um órgão e a mulher não ter? Ela acha que todos nós nascemos iguais e, por algum motivo, a mãe foi mutilada. Se, por acaso, vê a mãe menstruada, isso passa a validar a sua teoria. Afinal, para ela não é normal sangrar. Todas as vezes que ela cai e sangra, seus pais se preocupam. Diante desse fato, a criança pode perguntar ou guardar impacientemente sua dúvida.

A gravidez também é alvo de estudo da criança. Como pode um bebê ir parar na barriga? Por que a mulher engravida e o homem não? O menino diz que quer casar com a mãe. Tão amada, tão desejada. Alguém chega para ele e diz: "Não pode se casar com sua mãe!" Ele não entende. Começa a examinar que existem segredos entre papai e mamãe, algo de que ele não pode participar. Ou seja, é neste momento da infância que começam a surgir perguntas. Algumas respostas ficam no ar.

Os pais nunca devem inibir a curiosidade. É preciso ter jogo de cintura para responder seriamente. Também não há necessidade de dar verdadeiras aulas e ultrapassar aquilo que a criança perguntou. Muitas vezes, quando ela questiona, já intui a resposta. Faz uma pergunta direta e quer uma resposta direta.

A repressão da sexualidade, ou o excesso de informações, pode inibir esse processo de busca pelo conhecimento. O conhecimento do próprio corpo, quando acompanhado de uma repressão severa ou ameaça de cortar um órgão (muito comum antigamente), também podem ter repercussões posteriores.

Muitas vezes as próprias dúvidas já são angustiantes. Portanto, o que devemos fazer é dar condições para que elas prossigam, de forma segura, nessa busca — e propiciar que elas encontrem as informações de que necessitam.

A fase pré-escolar é a preparação para uma boa alfabetização. Não pode ser um depósito de crianças. Nesse período a criança brinca seriamente, pois trabalha com todos os sentidos e com a coordenação motora — autodomínio do corpo, necessário para que aprenda a escrever etc. Caso não tenha uma boa etapa preparatória, pode odiar a aprendizagem da leitura e da escrita. Justamente quando se diminui a curiosidade sexual — a chamada fase de latência —, tem-se o período propício para a alfabetização, pois a mente da criança consegue focar mais a atenção nas matérias escolares.

Muitos pais querem acelerar o ritmo da criança, pulam a criança de série, não aceitando a indicação da escola quando dizem que o filho tem dificuldade. Com isso, fazem a criança entrar em uma nova etapa sem que esteja madura e pronta.

A partir das trocas com o meio externo, o bebê, a criança, começa a introjetar o mundo como bom ou ruim, seguro ou inseguro. Os pais são os mediadores mais indicados para ajudar nesse processo. Devem dialogar com o filho, antes mesmo de ele nascer. A troca de ideias por meio das palavras, dos olhares e do carinho faz com que a criança reconheça que vale a pena seguir em frente. Portanto, como descobriu Piaget, a inteligência está ligada à afetividade.

A afetividade e a aprendizagem têm uma ponte de grande comunicação, até entre os animais. Em estudos realizados na "Montanha dos Gorilas", foi descoberto o quanto os filhotes aprendem brincando com os pais. A união familiar é algo fascinante. Alguns caçadores de filhotes precisam matar a família inteira para conseguir levar o bebê gorila. Quando um gorila cai em uma armadilha e sobrevive, chora ao ver um ser humano, ou seja, por associação ele aprende que "ser humano" é igual a ameaça. Nós, humanos, também aprendemos por associação de ideias, formamos uma cadeia de pensamentos. Quando existem experiências prazerosas em relação à aprendizagem, permanece a vontade de continuar a buscar conhecimentos.

Um dos pontos básicos para que o processo de aprendizagem ocorra é a consideração dos aspectos emocionais infantis, por meio da colocação adequada de limites por parte dos pais.

Afeto não é excesso de gratificação. Proteção é diferente de superproteção. Existe uma fronteira clara. Os pais devem animar os filhos, desde bebês, para o prazer de entender o mundo a sua volta. Fazer um muro ao redor da criança para que ela não seja desapontada não é demonstrar afeto.

Ser inteligente não é saber muita coisa, é saber o suficiente para ter um resultado positivo na própria ação, ou fazer do resultado negativo uma experiência valiosa, preciosa para conseguir êxito nas ações futuras.

Sei que muitos pais, nesse momento, se culpam. "Onde errei? O que poderia ter feito melhor?" Nenhum pai quer, intencionalmente, fazer mal ao filho; afinal, é a própria herança genética que está em jogo. Portanto, continue a leitura deste livro com muita calma e com a confiança de que você pode se ajudar e incentivar seu filho. Certamente você terá várias ideias no decorrer das palavras e irá realizá-las com sabedoria.

Todos nós temos, lá no fundo, o medo de tentar e falhar. Mas temos também recursos para vencer isso. Há um impulso para tentar mais uma vez, senão nem andaríamos. O bebê vira-se no berço, se segura, engatinha, tenta andar e cai muitas vezes. Apesar do susto, ele se arrisca novamente até conquistar seu objetivo.

Ainda no útero, o bebê responde aos estímulos. Ao nascer, seu cérebro tem 100 bilhões de neurônios. Armazena informações com uma rapidez impressionante. O cérebro é uma verdadeira máquina de aprender. A imitação é um dos primeiros recursos para a aprendizagem. Com 19 horas de vida um bebê

SEU FILHO NÃO NASCEU ASSIM!

é capaz de colocar a língua para fora, repetindo um gesto observado. As crianças são como esponjas. Observam os pais, as babás, colegas e repetem, até inconscientemente, o que veem e o que fazem.

As sinapses são pontes entre os neurônios pelas quais a aprendizagem vai se instalando. Principalmente por intermédio da ação. Você pode dizer a uma criança pequena que ela não deve mexer na tomada. Entretanto, quando ela a toca e leva um choque, ali se cria uma conexão cerebral que informará o perigo da próxima vez que avistar a tomada (aprendizagem por reforço negativo). Apesar de, muitas vezes, a aprendizagem vir com a experiência, os pais devem sempre orientar seus filhos para as situações de risco.

Existe uma plasticidade cerebral, o que significa dizer que mesmo crianças que tenham disfunção neuromotora, as chamadas "paralisias cerebrais", podem aprender funções utilizando outras áreas do cérebro. Mas para isso estímulos são necessários, e não só oferecer um monte de brinquedos para o bebê. A forma como ele é estimulado conta muito.

Até os 3 anos é chamada a idade de ouro, pois a criança adquire habilidades com muita facilidade. Cerca de 60% do desenvolvimento cerebral ocorre nessa época. Ela pode aprender por ensaio e erro. Ou seja, exercita até conseguir o sucesso na ação. Pode aprender por "insight", ou seja, vê um problema, pensa sobre ele e soluciona. Além disso, a criança aprende muito por reforço positivo. Quando é elogiada em uma atitude, quer repeti-la.

Atualmente os pais têm à disposição uma grande diversidade de brinquedos educativos, softwares e DVDs que estimulam o cérebro das crianças. Entretanto, o discurso de desmotivação das crianças e jovens em relação ao ato de estudar é cada vez mais frequente. Aquele pequeno cientista que você conheceu muito bem na infância tem essas características de investigação adormecidas. E aí você se pergunta: "Por que o meu discurso não alcança mais o meu filho?" "Por que eu ofereço todas as condições para ele tirar boas notas e ele não corresponde?"

A aprendizagem é complexa. Não há teoria melhor ou pior para explicá-la, mas o que sabemos é que ela é gratificante. Existe a ideia de que quando o discípulo está pronto, o mestre se apresenta. Seu filho está pronto para resgatar aquele pequeno cientista que queria ver cada detalhe do mundo com uma lupa. Talvez ele não tenha certeza disso. É aí que entra a sua ajuda como educador exigente, paciente e motivador.

A natureza humana

Freud expôs uma divisão da mente humana em três partes: 1) o ego que se identifica à nossa consciência. É a parte organizada desse sistema que entra em contato direto com a realidade externa, tentando se adaptar; 2) o superego, que seria a nossa consciência moral, ou seja, os princípios sociais e as proibições; 3) o id, isto é, os impulsos múltiplos da libido, dirigidos sempre para o prazer.

Dentro de nós existe uma briga interna entre o que desejamos e o que podemos realizar. O ego é pressionado pelos desejos insaciáveis do id, a severidade repressiva do superego e os perigos do mundo exterior. Ou seja, essas três instâncias negociam o tempo inteiro entre si.

A sublimação ocorre quando destinamos as pulsões para a investigação intelectual, para as artes e outras áreas. O brincar infantil vai sendo, aos poucos, substituído pelo trabalho de produção e criação em prol da civilização.

O ser humano tem a capacidade de deslocar suas energias, seus impulsos, para tarefas ou realizações de valor social ou cultural, como as atividades de estudo e trabalho. Ou seja, seu filho nasceu com todas as ferramentas necessárias para conhecer, explorar e compreender o que há à sua volta. O que ocorreu, então?

capítulo

Entenda a época na qual seu filho nasceu

Primeiramente, a aprendizagem é um processo eterno. Do útero até a morte, estamos desvendando os mistérios da vida.

Penso que os pais são os faróis, sinalizam o caminho, ajudam os filhos a enxergar as possibilidades da vida. Segundo Sócrates, há vinte e cinco séculos: "Educar é ensinar a pensar." Oriente, ajude, esteja ao lado, mas não faça pela criança. Deixe-a usar e descobrir sua força interior.

Educar é incentivar a autonomia. Então, vamos trilhar nosso raciocínio por aqui!

Passamos por dois polos de estilos de educação no decorrer da história. Na Idade Média a criança recebia os cuidados especiais apenas nos primeiros anos de vida. Posteriormente, aos 6, 7 anos já trabalhava. Vendia itens nas ruas e, na adolescência, começava a construir sua família. As crianças de famílias abastadas herdavam os bens e mantinham, ou não, o sucesso do comércio ou empresa dos pais.

Os jesuítas, com o propósito de catequizar, começaram a ensinar a ler, não somente para os filhos dos colonos, como para os índios.

Antigamente, a disciplina era rígida. Quem não se lembra da palmatória, do ajoelhar-se no milho? Os internatos eram comuns e o que se valorizava era a ordem. Decorar era o método comum de apreender o conteúdo. Não havia muito espaço para questionamentos nas escolas.

Atualmente, existem novas configurações familiares. Meio-irmãos, padrastos e madrastas não são incomuns. A família ainda é uma matriz importante para o desenvolvimento humano. Antes era nuclear, mas no final da década de 1960 cresceu o número de separações e divórcios, a religião foi perdendo sua força, não mais conseguindo segurar casamentos com relações insatisfatórias.

A partir daí, surgem inúmeras organizações familiares alternativas: casamentos sucessivos com parceiros distintos e filhos de diferentes uniões; casais homossexuais adotando filhos legalmente; casais com filhos ou parceiros isolados ou mesmo cada um vivendo com uma das famílias de origem; as chamadas "produções independentes" tornam-se mais frequentes; e mais ultimamente, as mães solteiras ou já separadas que promovem a criação de seus filhos. Portanto, saiba que conflitos instalados na família podem dificultar a concentração nos estudos.

ENTENDA A ÉPOCA NA QUAL SEU FILHO NASCEU

A instituição familiar pode ter um equilíbrio de forças saudáveis, capaz de manter a hierarquia necessária e de interagir de forma afetiva, acolhedora, na qual todos os seus membros cumprem responsabilidades e usufruem de bem-estar.

Ter um diploma era garantia de emprego. Poucos tinham esse privilégio; consequentemente, a concorrência era pequena. A mãe era presença permanente em casa, mas com o tempo precisou entrar no mercado de trabalho. Cada vez trabalha-se mais para pagar as contas, que se multiplicam.

O cenário mudou, as exigências são outras. A era da informática e da globalização nos coloca em uma overdose de informações. Como preparar então uma criança para o sucesso?

Hoje, decorar não é mais o estilo de aprendizagem, pois o jovem tem informação a todo o momento, pelos meios de comunicação ou no *click* do computador. O objetivo da educação agora é ensinar *onde* e *como* acessar a informação que se deseja alcançar. A criatividade tem um papel fundamental na mente do jovem hoje em dia. Falaremos mais sobre ela posteriormente. Não adianta ter muita informação, é preciso saber como usá-las.

Apesar dos contrastes sociais, atualmente, a chegada de um filho é mais planejada. A mulher quer ter sucesso em sua carreira antes de ser mãe. Mas essas ideias pós-modernas vieram acompanhadas de alguns equívocos. Os pais dizem: "Quero muito ter outro filho, mas não posso porque não poderei dar tudo para ele!" Esse discurso é comum, mas o que é "dar tudo para um filho"?

E AGORA, MEU FILHO NÃO GOSTA DE ESTUDAR!

Vejo muitos pais que evitam, a todo o custo, que o filho se frustre. Querem atender aos mil pedidos, encher os armários de brinquedos, videogames, celulares, como se quisessem compensar a própria frustração dos pedidos que lhe foram negados na infância.

Muito tem se falado em limite para os filhos. Mas a verdade é que o limite também é importante para os adultos. Às vezes, o pai e a mãe precisam se permitir dizer não. Muitos pais trabalham sem limite, se estressam sem limite, brigam sem limite. Na melhor das intenções de oferecer "tudo", não administram o próprio tempo. Como podem exigir que a criança separe um tempo para estudar?

Na verdade, um preceito básico quando falamos em educação é: "A criança aprende mais com o que vê do que com o que ouve!" Portanto, pais que não leem podem passar a mensagem de que não vale a pena reservar um tempo do dia para ler. Pais que valorizam muitas coisas materiais passam a mensagem de que você vale pelo que tem.

As crianças estão tão absorvidas pelo consumismo que muitas campanhas publicitárias são voltadas para elas, que ficam em média quatro horas por dia em frente à tevê, ou seja, mais do que seus pais. Portanto, ela é um vendedor intermediário. Os pais consultam os filhos para comprar. E os pais sentem-se impotentes quando não podem dar algo aos filhos, acham que eles serão excluídos pelos coleguinhas caso não tenham o celular mais moderno. Isso se transforma em uma bola de neve, pois eles têm de trabalhar mais para saldar as dívidas, se estressam mais e a qualidade e quantidade do tempo com a família diminui.

ENTENDA A ÉPOCA NA QUAL SEU FILHO NASCEU

As crianças dominam muito bem aparelhos eletrônicos. Estes são tão valorizados que tomam o tempo que deveria ser reservado para os estudos. As conversas no MSN podem se estender pela tarde inteira, e os adolescentes usam uma linguagem abreviada, errada e têm passado a repetir esse estilo de conversa nas redações e nas provas do vestibular. Reconhecem que isso atrapalha, mas afirmam que é muito mais legal do que estudar para as provas. Muitas vezes eles têm razão – pode ser mais legal. Mas precisam encontrar prazer também naquilo que dará frutos no futuro. Estudar é legal para ver um boletim azul no final do ano!

Sei que os pais usam esse discurso, explicam, mandam, mas nem sempre surte efeito. Educação não tem efeitos imediatos! A conscientização da necessidade de intercalar trabalho e lazer é necessária para a criança, desde pequena. Não devemos protegê-las em uma bolha. As preocupações estão aí: a concorrência no mercado de trabalho, a violência mundial exposta nos jornais com o sangue quase pingando na nossa sala, o aquecimento global, jovens que anestesiam e tentam evitar a frustração por meio das drogas.

Crescemos vendo propagandas de bebidas alcoólicas. Inconscientemente, associamos a imagem de pessoas sorrindo e felizes com uma garrafa ou cigarro na mão. Crescemos com a ideia de que a vida é agora e gastamos para sermos felizes. Portanto, pesquisas mostram que aumenta a inadimplência entre os adultos jovens.

O diálogo entre as gerações nunca foi tão necessário. As estratégias para ensinar nunca foram tão discutidas. Mas pouco se diz que as informações são picotadas e a curiosidade necessita ser aguçada, o conhecimento necessita ser degustado.

Mas como colocar isso na cabeça do filho(a)? Ora, o interesse vem de algo que faz sentido. Direcionamos o olhar para aquilo que nos faz sentido! Será que o que seu filho estuda faz sentido para ele?

Os adolescentes perguntam: "Por que estudo física ou química?" Essa resposta os pais podem oferecer no cotidiano, quando comentamos a batida de carro que vemos no engarrafamento (quem foi o culpado? A análise da física pode descobrir!), quando o pai conversa com o filho sobre a Fórmula 1, quando vemos a mudança da cor do mar, quando cozinhamos um alimento etc. E, caros pais, não necessariamente temos de virar *experts* e dar resposta o tempo todo. Você pode perguntar algo para o seu filho e aguçar a curiosidade dele! Pode pedir que ele pesquise sobre a gravidade para você, pois confia que trará a resposta correta! Essas pequenas frases são grandes alavancas. Você pode recheá-las com elogios sobre a capacidade e a inteligência de informar!

Será que hoje estamos imersos em somente fatos negativos? Claro que não!

As crianças atualmente têm mais respostas na ponta da língua, são mais espontâneas e rápidas de raciocínio. Esse é um legado da tecnologia.

Algumas pesquisas apontam o aumento de QI com o passar das gerações. Entretanto, ainda não existem estudos conclusivos

ENTENDA A ÉPOCA NA QUAL SEU FILHO NASCEU

que mostrem como isso se refletiria na personalidade adulta. Mas sabemos que a expectativa de vida só tem aumentado com o passar dos anos.

As crianças de hoje são vaidosas. Nós só precisamos direcionar essa vaidade também para a vida acadêmica. Não para uma competição escolar maléfica como em algumas culturas. No Japão, os índices de suicídio devido ao insucesso são altos. O sentimento de incompetência não deve prevalecer, pois as falhas são degraus para o amadurecimento.

Formamos indivíduos mais críticos, que gostam de se socializar e falam vários idiomas. Essa geração conversa com os pais sobre os assuntos mais polêmicos, que antes eram verdadeiros tabus.

Não existe máquina mais sofisticada do que o cérebro. Ele cria todas as outras máquinas. Einstein, diante do computador, pergunta: "Esta máquina faz perguntas? Se não faz, não serve!" Ele afirmou isto com muita propriedade.

A linguagem dos jovens: o "internetês"

Com um mundo pós-moderno de informação rápida e grandes críticas ao ócio e à "perda de tempo", crianças e adolescentes começaram a usar a internet de forma peculiar.

As palavras ganharam um novo formato. As abreviações criadas pelos próprios jovens vigoram a todo o momento, inclusive nas provas e nas redações do vestibular. Apesar da originalidade e da criatividade, os estudantes estão tendo dificuldade de escrever corretamente.

A função da linguagem é promover a comunicação. Entre os jovens há um perfeito entendimento, mas eles não estão conseguindo abandonar o "internetês" no colégio. O papel dos pais e dos professores é reafirmar constantemente a importância de diferenciar a escrita culta e a escrita formal. A forma condensada de escrever não é aceitável nas avaliações, no trabalho, para redigir um documento. Embora o jovem tenha consciência deste fato, ele precisa ser lembrado, pois o tempo que disponibiliza nas conversas on-line é muito grande e ele acaba se acostumando com este tipo de comunicação.

Não adianta abolir o mundo virtual, pois todos nós precisamos estar conectados à internet. Achar que este é o grande vilão da desmotivação para os estudos é um equívoco. Antigamente, precisávamos ficar horas na biblioteca pesquisando sobre o tema de trabalho requisitado pela professora. Hoje, basta um *enter* e pronto. Assunto na tela. Milhares de sites para pesquisar. Isso tem o ponto positivo, que é a velocidade da informação, mas tem o ponto negativo, pois a pesquisa fica mais pontual e o estudante termina o trabalho com um simples *copia* e *cola*.

Uma orientação importante aos pais é estimular o hábito de escrever cartas entre a família. No dia a dia apressado, deixe uma carta para o seu filho dizendo coisas positivas, elogiando os comportamentos construtivos e peça que ele retribua as cartas demonstrando a opinião sobre os acontecimentos, os

ENTENDA A ÉPOCA NA QUAL SEU FILHO NASCEU

sentimentos presentes etc. Além disso, deixe temas para que ele disserte a respeito (à mão). Isso fará com que ele reflita e exercite a escrita.

Existem jovens que nunca entraram nos correios. O mundo virtual aboliu as correspondências e o receber carinho em forma escrita. Antigamente, levava-se tempo para escrever uma carta, aproximadamente dez dias para enviá-la e mais dez dias para receber a resposta. O papel escrito tinha todo um valor simbólico. Hoje, se um e-mail demora segundos para ser enviado, você já fala mal do seu computador. Ou seja, aquela ansiedade positiva regada de sentimentos pela troca de palavras foi substituída pela velocidade da informação.

O professor como modelo

O professor é o segundo líder na vida de um ser humano. Os pais são o primeiro exemplo. Depois o professor é reconhecido como um modelo. A menina gosta de brincar de ser professora, pois admira e se espelha naquele papel social.

A profissão do docente é aquela que forma todas as outras. Você já parou para pensar sobre isso? Professores formam médicos, arquitetos, publicitários, atores, advogados. Antigamente, o professor era profundamente respeitado, raramente questionado, pois nas mãos dele estava o saber. Ele era o mestre! Atualmente, os salários recebidos são baixos e as condições de trabalho são péssimas. Além disso, não há tempo para se especializar, pois ele vive na correria de uma escola para outra para conseguir ter o próprio sustento. Em função disso, o tempo de diálogo com os estudantes ficou corrido. A hora do recreio precisa ser destinada para corrigir provas e quando o sinal bate ele sabe que precisa estar em poucos minutos em algum outro lugar.

O jovem percebe o quanto aquele profissional é desvalorizado, portanto, tem deixado de admirá-lo. Estudante passou a ser cliente e o professor, empregado.

Para gostar de aprender, o estudante precisa respeitar o mestre e valorizá-lo como detentor de um saber e de um rico conteúdo. É necessário querer ouvir o que será apresentado em aula.

Portanto, é necessário que as escolas invistam na formação continuada dos professores, ofereçam salários dignos e que os pais enfatizem o papel deste profissional e valorizem a gestão da sala de aula.

O conflito: pais x escola

A relação entre pais e escola nunca foi tão necessária, mas também nunca foi tão conflituosa.

Antigamente os pais reafirmavam o que era dito pela escola. Seguiam as recomendações e existia uma grande parceria. Atualmente, os pais estão mais informados sobre os processos educacionais e questionam as metodologias utilizadas. Essa busca pela informação por parte dos pais é positiva; entretanto, eles não devem diminuir, ou anular, a autoridade do professor. O respeito pelo mestre é uma base muito importante para a aprendizagem.

A sala vazia, na ausência dos responsáveis em dia de reunião agendada, também dificulta a união entre pais e professores.

Antes de matricular o filho, os pais devem saber a filosofia da escola, o projeto político pedagógico, os procedimentos disciplinares e também analisar se tudo isso se adapta ao que eles pensam sobre educação.

Quando a criança, ou o adolescente, percebe que existe um vínculo harmonioso entre os pais e a escola, ele passa a entender melhor os limites estabelecidos e tende a respeitá-los.

O conflito: pai x mãe

Quando o pai diz sim e a mãe diz não, ou vice-versa, o filho sente que as regras estão frouxas. O preceito básico (honrar pai e mãe) pode se tornar nebuloso quando existe um desrespeito entre os pais.

Certamente os pais são pessoas falíveis, com problemas e dificuldades, mas devem conversar antes de tomar decisões e ambos devem reafirmar a decisão do outro. Caso haja desacordo, devem conversar separadamente do filho e comunicar as decisões.

Casados ou divorciados, as regras devem ser estabelecidas através de um acordo. Portanto, eles devem ter um bom diálogo, caso contrário, o filho rotulará uma parte como insensível e a outra como legal, e pode manipular a discórdia dos pais para usufruir de uma baixa exigência.

Precisamos ensinar à criança, desde cedo, que é ela quem escreve a própria história, que o plantio é livre, mas a colheita é obrigatória. Ou seja, cada ação tem um resultado. Vamos difundir a ideia de que temos de cuidar do mundo, aproveitando o fato de dissertarmos tanto sobre o aquecimento global. Precisamos começar por nós mesmos. Cuidando da saúde, respeitando o corpo e otimizando o tempo. Necessitamos reunir mais as famílias para discutir tópicos que realmente interessam. As pessoas não realizam suas refeições calmamente. A casa, geralmente, fica compartimentada. Cada um cria muros gigantescos em volta de si, não por mal, mas por estarem centrados nos próprios problemas.

Educar para a responsabilidade não é fácil, pois é tarefa diária. Mas é recompensador saber que você ajudou seu filho a desenvolver um potencial. Depois que as bases, os pilares, são bem construídos, a estrutura fica firme.

Seria muito bom dizer que a desmotivação para os estudos tem uma única causa e discursar sobre ela aqui. Entretanto, posso afirmar que é multifatorial. Existe um triângulo para ser analisado:

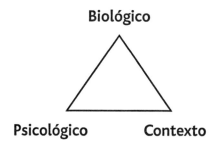

Se hoje fosse o último dia de sua vida, gostaria de vivê-lo com seu filho? Quais lições você gostaria de ensiná-lo? Para onde iria com ele? Por quê? Ou você checaria seus e-mails, ligaria para o contador, para o gerente do banco?

Pare um pouco de ler e avalie o que falta em seu lar. Caso afirme que seu filho não ouve você, por que isto ocorre? Como conversa com ele? Busque as respostas dentro de si mesmo.

capítulo

Escravo do próprio filho?

Há algo que tem preocupado muito: a baixa expectativa de alguns pais. Eles propagam o seguinte relato: "Estou contente com meu filho, apesar de ele não ir bem na escola. Ele não usa drogas e frequenta as aulas!" Infelizmente, quando se diminui o grau de exigência dos pais em relação a seus descendentes, cria-se uma zona de conforto para eles dentro de casa.

O que os responsáveis devem pensar é: "Se eu não cobrar, a vida irá fazê-lo!" Ou seja, a pressão fora de casa é muito grande. Portanto, essa "baixa expectativa" não favorece o adolescente quando ele se depara com a "vida real". Ele sai da segurança do próprio lar para buscar um estágio e se depara com excesso de trabalho e quase nada de remuneração.

Esse é um dos fatores que explica um fenômeno atual: a adolescência tardia! Os adultos jovens estão tão protegidos no ninho, que nele querem ficar. Afinal, têm tudo na mão, menos as contas para pagar. Pra que responsabilidade? "Meus pais cuidam de tudo!"

Quando acontece de pais serem verdadeiros escravos dos próprios filhos, pois organizam tudo para os filhos desfrutarem, algo deve ser repensado nessa dinâmica familiar. Estudantes dizem: "Pra que estudar e trabalhar? Meu pai é rico!" Sem rotina diária de estudo em casa, ele chega diariamente bronzeado no colégio, deixa provas em branco e os pais precisam pagar um alto valor de aulas particulares para ele passar de série. Sem limite, ou seja, sem uma professora ao lado para auxiliar, ele não se concentra. Esse aluno tem hiperatividade? Déficit de atenção? Dificuldade de aprendizagem? Não! Nesse caso, ele tem a crença de estar seguro no ninho e não consegue caminhar sem auxílio, pois seu comprometimento só está ligado ao próprio lazer.

Por isso existem jovens completamente despreparados para administrar o que os pais conquistaram. Herdam fortunas, ou mesmo pequenos bens, mas não conseguem manter, cuidar, desperdiçam tudo o que foi conseguido com luta e trabalho árduo. Como gerir bens se eu não cuido nem de mim mesmo?

Os pais devem seguir o exemplo das aves. A mamãe ave prepara o ninho, ajuda o filho a sair do ovo, oferece todos os cuidados especiais por semanas. Leva a comida e põe no bico do filhote, ajeita-o para que ele fique confortável. Chega uma hora que ela precisa incentivá-lo a voar. Ele não quer, tem muito medo. Ela, com o coração apertado, sabe que é necessário e, se é para o bem do filhote, isso deve ser feito. Claro que ela estará por perto. Ela o empurra com seu bico para fora do ninho e observa se ele conseguirá abanar as asas e cumprir seu voo. E, atenta como toda boa mãe, ao perceber que ele não obtém êxito, ela o alcança e devolve ao ninho. Mas não desiste; após um breve descanso, coloca-o para trabalhar novamente até que ele siga pelo horizonte.

Você pode seguir esse exemplo! Existem pequenos momentos que são grandes oportunidades para incentivar o filho a assumir a direção e o controle da própria vida. Começa desde pequeno, quando se sabe que a criança pode colocar a roupa e comer sozinha, tomar banho etc. Lembra quando você resolveu tirar a rodinha da bicicleta dele?

Há um momento em que a criança assume a própria personalidade: quando ela resolve que quer escolher as próprias roupas. Ou seja, essas etapas devem ser cumpridas. Por mais que a criança faça mais sujeira na cozinha quando se alimenta sozinha, se ela não tentar, não conseguirá.

Todos nós temos requisitos para alcançar altos voos e, às vezes, precisamos de um impulso. Pode ser sofrido, desgastante, mas necessário! Aprendemos muito com os que discordam de nós. Algumas pessoas nos tiram dessa zona de conforto, e elas são eternos mestres em nossas vidas.

Existem pais que concordam com tudo o que o filho diz; há pais que têm medo de discordar.

Pais e escola não são sócios – são parceiros. Ambos têm o mesmo objetivo: levar aquele jovem ao amadurecimento.

Entretanto, é comum responsáveis e escola virarem verdadeiros inimigos, e reuniões de pais se tornarem batalhas. O que acontece, então? As crianças passam a sentir que são menos exigidas e passam a assumir apenas o discurso do direito. Eu tenho o direito de não fazer o dever, de dormir na aula... pequenos advogados. Mas será que elas sabem e são cobradas para realizar os deveres? Como são cobradas?

Os professores têm medo de exigir muito, pois sabem que as crianças são, muitas vezes, amparadas pelos pais, mesmo quando não cumprem as regras. Pais que têm medo de exigir pensam da seguinte maneira: "Já passo o dia inteiro longe do meu filho, quando estou com ele quero agradá-lo!"

A culpa pelo trabalho fora de casa é grande. O sentimento de falha pela ausência também. Mas é a qualidade do tempo e dos exemplos que conta. Não devemos comprar as crianças com objetos, nem sentir que somos responsáveis por todos os fracassos delas. A guerra pela responsabilidade dos maus resultados no boletim também é grande entre o pai e a mãe. Principalmente se a mãe trabalha em casa. Ela é acusada de não cobrar disciplina. A verdade é que uma dona de casa também tem excesso de trabalho. Pesquisas mostram que se elas ganhassem por hora de serviço, teriam salário tão alto ou maior do que as que trabalham em grandes empresas.

Existem estudantes excelentes cujos pais trabalham fora de casa. E também existem estudantes inteligentes, mas completamente desmotivados, com os pais aposentados, ou que têm seu escritório em casa.

Qual o segredo, então? O desinteresse pelos estudos é uma mistura de alguns fatores, como esses que estou citando.

A criança responsável é aquela que entende perfeitamente que ela mesma sofrerá as consequências do seu desleixo; ela sente vergonha de ser chamada atenção, quer aprovação dos outros, tem curiosidade. Desde cedo, tem ambições positivas e quer caminhar com as próprias pernas.

Há crianças e adolescentes que, de uma forma muito perspicaz, jogam a culpa nos pais. Driblam as tarefas e se vitimizam. Há pais que são reféns. A última palavra em casa é a do filho.

O desobediente deve se envergonhar. A desobediência e a rebeldia merecem um olhar atento dos pais. Mais do que provedores, os pais orientam os modos, colocam as regras, acolhem com uma conversa franca e objetiva, quando necessária.

Mesmo pequenos podem ser verdadeiros tiranos em casa, e isso pode se tornar patológico: transtorno desafiador opositivo. São jovens que responsabilizam os outros pelo mau comportamento, desafiam autoridade, recusam-se a trabalhar em grupo, não aceitam ordens e críticas, querem tudo a seu modo, gritam, perturbam e têm "pavio curto". Nesses casos, é recomendado um tratamento e auxílio familiar. Esses comportamentos podem ter até uma aceitação familiar; entretanto, esse jovem certamente sofrerá muito, pois as pessoas tendem a se afastar. Inclusive, quando adolescentes, podem ter problemas sérios com a lei.

Não adianta solicitar a responsabilidade de estudar se os pais permitirem a hostilidade frequente, gritarias e xingamentos.

E AGORA, MEU FILHO NÃO GOSTA DE ESTUDAR!

Em um ambiente extremamente permissivo e sem leis, até uma criança bem pequena pode dominar e ditar as regras.

Existe uma fase na qual a criança aprende que pode dizer não. É na idade pré-escolar. Ela pode dizer não até para uma comida que nunca experimentou. Já nessa época, conta muito a criatividade dos pais. Em vez de lutar com a criança, eles dizem: "Você quer vestir a blusa preta ou branca?" E não: "Você quer se vestir agora?" Ou seja, evita-se a resposta negativa. Se isso não é possível, os pais não devem entrar no conflito ou ceder à birra – devem impor seriamente a regra. É importante incentivar o diálogo, pois isso aprimora as condições de desenvolver argumentação, mas existem regras que não podem ser burladas.

Na adolescência, o choque toma outras proporções. O corpo muda, as comparações com os colegas aumentam. "Se a família do meu amigo o deixa voltar tarde de uma festa, a minha tem de deixar!" Estudar fica chato, porque namorar é mais interessante, os hormônios pedem. Os limites devem ser impostos. O dever tem de ser pré-requisito para o prazer. Nós não trabalhamos um mês para recebermos salário em um dia? Pois é! Mas se esse adolescente não está acostumado a ser frustrado, ele terá maiores dificuldades nessa fase.

Importante ressaltar que o papel dos pais, principalmente nessa época em que se cultua o prazer instantâneo, é fazer uma borda, uma fronteira clara: de um lado, o que é permitido, de outro, o que não é. Não adianta proclamar que quer ser amigo do filho. A função materna e paterna é bem diferente. Uma

ESCRAVO DO PRÓPRIO FILHO?

mãe me contou que levava a filha ao motel quando ela queria transar e depois buscava. A filha poderia fazer tudo, até usar drogas, contanto que partilhasse com a mãe. Só que a menina, que por sinal era um doce, ia mal no colégio. Muitas vezes, passando de carro, a vi matando aula. E eu falava de forma rígida: "Entre no carro e vamos para a escola agora! Você é inteligente, não pode desperdiçar seu talento!" Depois de algum tempo, essa adolescente veio com a seguinte pergunta: "Posso te chamar de mãe?" Ou seja, não que ela não gostasse da mãe. Ou a mãe tivesse a intenção de ver a filha falhar. Essa mãe amava a filha, mas a adolescente perdeu a borda, o referencial do certo e do errado.

Às vezes, pode ser menos desgastante ceder ao *sim*, e cessar o sofrimento de ouvir por uma tarde inteira o mesmo pedido. Ganhar o sim por insistência ou por argumentos que depreciam os pais é algo completamente contraindicado. O *sim* se conquista por outros méritos. Você sabe que se não for um bom funcionário, não ganhará promoção. Não estou falando de barganha. Veja bem, estou dizendo que educar para a vida é ensinar que o empenho é necessário para obter algo, até mesmo o prestígio.

Pais que se tornam escravos dos filhos sofrem muito por não conseguir sair dessa condição. Eles precisam investigar a própria história. Por que deixam os filhos impor-lhes limites, e não o contrário? Eles cuidam, cuidam e cuidam. Fazem de adultos verdadeiras crianças. Colocando a comida no prato, permitindo ofensas ou, muitas vezes, provendo tudo a partir da voz doce do filho.

A tendência natural do indivíduo é: ser cuidado – cuidar – ser cuidado. Quantos idosos sofrem com a impaciência dos filhos? Recebi um caso de uma mulher que foi excessivamente mimada até a vida adulta. Sua mãe, ainda jovem, teve o diagnóstico de doença de Alzheimer. Ela entrou em pânico, pois não sabia cuidar da mãe. Um dia ela cozinhava e a comida estava quase queimando, enquanto sua mãe repetia a mesma pergunta. Ela disse: "Mãe, saia da minha frente! Deixe-me em paz!" Essa mãe saiu de casa sem ser vista e nunca mais voltou. A filha vive cheia de remorso. Ou seja, será que essa geração está pronta para assumir responsabilidades?

Não adianta focar uma metodologia de estudo. É preciso ver o problema com uma amplitude muito maior.

Antigamente, estudava-se, formava-se, casava-se e administrava-se o lar. Hoje vemos filhos tendo filhos e que se recusam a sair do lar dos pais. Sei que muitos avós podem ler este livro, pois assumiram completamente a função de educar.

Os resultados dependem do esforço. Isso serve para pais e filhos. Pais precisam de reflexão diária, e não dos guias práticos e simples sobre como educar os filhos. Filhos necessitam de exigências contornadas por afeto e olhares atentos dos pais. Enquanto isso, os pais de antigamente achavam que os filhos tinham de crescer logo para se virar na vida, dura e cheia de desafios. Alguns pais de hoje gostariam que os filhos não crescessem. Não é verdade? Quem imaginaria que os pais, um dia, precisariam de uma "Supernanny" para se defender dos filhos e conseguir ditar as regras em casa?

Por trás de um filho tirano existem sempre pais complacentes que toleram atrasos, irresponsabilidades, desrespeito e permitem que a criança constitua as leis no lar, enquanto os pais deveriam ter o domínio e fazer a manutenção da ordem.

Não tenha medo de dizer "Não!" Não fique com remorso se for exigente. Muitos gênios da história não tiveram a vida fácil. Eles ficavam felizes ao transpor cada dificuldade. Era mais um passo na escada do sucesso.

A maior herança que os pais podem deixar para os filhos são os valores. A herança material se esvai se seu filho não tiver uma boa formação.

Educar é conduzir para a habilidade de construir o próprio ninho!

Divida o cotidiano com seu filho

Alguns pais evitam ao máximo compartilhar os problemas com os filhos. Ou falam sobre o trabalho com mau humor, estão sempre estressados, mas o filho não tem noção das vicissitudes do dia a dia, não sabem os verdadeiros motivos da insatisfação. Não reconhecendo o esforço que se deve fazer para deixar as contas em dia e manter tudo em ordem, o filho não dá a devida importância aos estudos.

Existe uma carta de um menino israelense na qual ele afirma que seu maior desejo é caminhar até a escola sem passar por corpos, que ele não sabe se estão vivos ou mortos, e por poças de sangue. Ou seja, o mundo limitado de um jovem pode fazer com que ele não compreenda os privilégios que possui.

Não estou me referindo a depositar lamentações no seu filho. O que quero sublinhar é que os pais devem fazer uma ponte para o mundo. Ou seja, eles podem abrir as verdadeiras janelas da realidade e mostrar o esforço que existe para fazer a gestão da família.

Além disso, os pais não deveriam subestimar a capacidade intelectual do filho. Existem problemas de trabalho que os pais até podem dividir com os adolescentes e ouvir a opinião deles. Parece que não, mas certamente eles se sentiriam lisonjeados pela expectativa e confiança do pai ou da mãe.

Não querer preocupar os filhos e cercá-los de cuidados para que não se aborreçam não é a maneira correta de apresentar a vida para eles. Um compromisso deve ser formado: cada um faz a sua parte. E a ajuda mútua é necessária para vencer os obstáculos.

Ensine educação financeira para seu filho

Desde pequenos devemos aprender a lidar com o dinheiro. Mas isso raramente é ensinado nas escolas e discutido em casa.

Planejamento financeiro não é um recurso muito utilizado. É comum vermos famílias se afundando em dívidas, principalmente por causa do consumo desenfreado estabelecido na sociedade. Lembre-se de que os filhos aprendem muito com o que veem.

ESCRAVO DO PRÓPRIO FILHO?

Atualmente, as crianças também manipulam dinheiro diariamente. A mesada é uma boa estratégia para ensiná-las a gastar o dinheiro de forma inteligente e produtiva. Todas as coisas têm seu valor. Os pais que são escravizados pelos filhos não conseguirão orientá-los para pesquisar os produtos, gastar com prudência e entender exatamente como aquele dinheiro chega à família, sobretudo como consegui-lo.

Você pode orientar seu filho, mas deve deixá-lo decidir. Aos poucos, observe como ele está lidando com as próprias finanças. Se ganha e gasta tudo, é hora de supervisionar a gestão e ensiná-lo a fracionar o que recebe e destinar a itens necessários e a acumular quantias.

Estimular o ato de poupar é uma oportunidade importante para que seu filho estabeleça objetivos de curto e de longo prazos. Se a criança desperdiçar todo o dinheiro que ganha imediatamente e você oferecer adiantamentos, não a estará ensinando a administrar e conquistar adequadamente o que deseja.

Muitos alunos que estudam em escola particular não têm nem a consciência do valor da mensalidade e do material escolar, sem falar das contas de casa. Os que gostam de estudar também o fazem por sentirem-se importantes por terem esta grande oportunidade.

Não importa seu padrão de renda, sempre é possível oferecer lições a respeito da gestão do dinheiro. Elas ajudarão muito seu filho a amadurecer.

capítulo

Pais "oculpados"?

Você se sente culpado pelos erros de seu filho? Pelo desestímulo em relação aos estudos? Você é aquele tipo de pai ou mãe que, no trabalho, acha que o correto seria estar em casa ajudando seu filho? E quando está em casa acha que está falhando no trabalho? Você está sempre sentindo que o dia deveria ter mais horas para dar tempo de fazer tudo o que deseja? Fica se martirizando, pensando que erra continuamente?

Pois é! Cuidado! Você pode estar sofrendo da *Síndrome do Genitor OCulpado*!

Viver é estar em conflitos. Não há como evitá-los porque premissas diferentes geram ideias diferentes, discordâncias entre as gerações e dificuldades na tutela do jovem. Além disso, temos conflitos internos.

Não existe uma decisão que se adapte a todos os pais; o que existe é a verdade de cada um. Há mães que abdicam da carreira profissional, pois optam pela profissão-mãe: tornam-se "mãetoristas" das crianças e trabalham para este convívio (o que pode ser muito bom, se isso for uma verdade para elas). Outras mães e pais destinam tempo para a vida profissional, pois sabem que seriam infelizes se não fosse dessa forma. O que é importante citar é que nenhuma decisão garante filhos estudiosos e responsáveis, caso haja uma grande tensão dos pais pela dúvida persistente se esta é ou não a escolha correta.

Segundo Winnicott: "O sentimento de culpa bloqueia a pessoa e é carregado nas costas como uma carga."

Quando essa carga se instala nos pais, o que ocorre? Eles não passam firmeza no contrato verbal que fazem diariamente com os filhos. Estes, por sua vez, aprendem a articular sabiamente a culpa dos pais para obterem o "sim" em tudo o que querem. Na verdade, muitas vezes nem pais nem filhos sabem, de fato, o que almejam.

Você já deve ter ouvido que o importante é a qualidade – não quantidade – do tempo que se passa ao lado do filho. Portanto, a cada minuto de convivência, esteja verdadeiramente presente. Ouça até a respiração de seu filho. Uma técnica importante para acalmar e integrar o que se lê é prestar atenção no próprio ritmo respiratório. Afinal, o cérebro precisa de oxigênio para trabalhar bem. Portanto, se você não tem o foco no que faz, a criança pode interiorizar este comportamento. Sem foco, nem calma para realizar as atividades, você não se dá conta do que precisa ser feito.

Os pais precisam estar prontos para cobrar. Ninguém aprende matemática só observando a professora resolver as equações – é preciso botar a "mão na massa" para aprender. O sucesso

PAIS "OCULPADOS"?

depende do exercício, do aprimoramento. A exigência do exercício pode levar ao sucesso que oferece o prazer de estudar. O sentimento de que vale a pena. Pais culpados podem deixar o filho no comando da casa. E, na maioria das vezes, isso não funciona bem. Um ser em desenvolvimento precisa de referenciais positivos.

Alguns profissionais da educação observam que professores éticos e firmes são eleitos para representar as turmas pelos próprios estudantes. Ou seja, os jovens podem ser exigentes em suas escolhas e sentir-se seguros com profissionais que transmitem certeza nas ações.

Também existe outro polo. Era uma vez... uma turma e uma professora. Essa profissional foi demitida da escola. Logo os estudantes fizeram um abaixo-assinado pedindo a volta da professora, pois adoravam sua aula. Entretanto, a escola tinha duras críticas à educadora. A diretora conversou com alguns jovens para averiguar o motivo de tanto apreço e pedidos para que ela voltasse. Um deles disse: "Ah, diretora, ela é uma ótima professora. Ela nos deixa conversar em aula, brincar até o sinal tocar. No fim do semestre ela passa um pequeno trabalhinho e dá nota boa para todos!" Ou seja, nessa turma há uma grande falta de conscientização sobre a importância da aprendizagem.

Estamos em uma época de transição. Há opiniões polêmicas sobre o papel e a identidade da escola no momento atual. Além disso, a mulher encontrou um destaque diferente na sociedade. Portanto, está surgindo também um "novo homem", que foi – ou é – criado por essa "nova mulher" ocupadíssima. Ele aprendeu a cozinhar, a ter um referencial da mulher que divide as contas.

Pais não precisam sentir-se culpados quando têm convicção de que são bons exemplos, pessoas honestas, têm atitudes generosas e são genuinamente preocupados com o bem-estar dos filhos. Eles sentem isso. Cada minuto que você oferece e se dedica a olhar o material escolar junto do filho, a fazer elogios e críticas construtivas, ou telefona para o colégio, é de extrema importância.

Uma questão importante a ser citada é que, atualmente, já existe uma mídia direcionada para bebês. Então, programas como *Teletubbies*, por exemplo, se tornam ótimas babás; entretanto, já preparam a criança para ficar hipnotizada pela televisão e ser grande consumidora. Portanto, pais ocupados devem estar muito atentos para o que está sendo apresentado à criança ou ao adolescente. Devem criar oportunidades para conhecer os amigos dos filhos, matriculá-los em cursos e atividades que interessem e estimulem o jovem aprendiz.

Pais "oculpados", principalmente de crianças menores, precisam ter cautela em uma situação: quando elas querem vencer as batalhas recorrendo ao escândalo. Na pressa, no dia a dia corrido, em troca do silêncio, pais oferecem compensações. Há crianças que se opõem a estudar e berram, gritam e os pais cedem. Vale a pena se atrasar um dia no trabalho, cancelar um compromisso para fazer o filho entender que as leis da casa precisam ser cumpridas. Eles podem testar os limites algumas vezes, mas percebem que perdem as batalhas.

PAIS "OCULPADOS"?

Fique firme. Quando contrariada, a criança sente muita raiva, sim, e não raramente deseja que o pai, ou a mãe, morra. Mas é esse seu lado mau, o de impor limites, que faz a criança crescer. Seu "não" será ruim hoje, mas ótimo amanhã!

Não delegue tudo a terceiros, nem deixe seu filho entregue a si mesmo, por mais que você precise muito trabalhar em tempo integral. Tente conciliar o horário de levá-lo na escola com sua ida ao trabalho, em vez de contratar um transporte. Nesse curto trajeto, seu filho pode te contar as novidades e pode ser um momento prazeroso. Ou seja, crie estratégias para vocês se integrarem e se livrar dessa bagagem da culpa.

Os pais precisam ter consciência de que o trabalho é uma forma de atingir sua realização.

Quando os pais demonstram tranquilidade em relação a sua vida profissional e organizam bem a vida dos filhos, eles aceitam a sua saída para o trabalho.

A culpa, na medida certa, faz com que os pais estejam conscientes das atitudes tomadas e provoca uma reavaliação constante das posturas e filosofias de vida. Isso é positivo.

A culpa em excesso provoca uma "cegueira" nos pais, que podem ter atitudes deseducativas, como premiar os filhos mesmo que eles tenham baixo rendimento escolar e não estejam sendo responsáveis consigo próprios.

Portanto, arranje um tempo na sua agenda para descobrir: O que seu filho pensa? Como ele vê os estudos? Qual é a origem dessas ideias? Como ele está se sentindo? Quais são os objetivos dele? Suas ideias e aspirações? As dificuldades na vida dele. Este é um largo passo!

"Não tenho tempo!"

Fique ciente de que essa desculpa não cola mais. Nem na empresa, nem em casa! A pós-modernidade trouxe-nos uma nova concepção: a Administração do Tempo. Portanto, tudo é uma questão de articular a agenda.

Antigamente, funcionário que ficava após o horário do expediente era bem-visto. Atualmente, o chefe olha e pensa: não administra bem o tempo, ou não tem vida social (um ponto negativo avaliado no ambiente de trabalho).

No ambiente escolar ocorre o mesmo. O estudante inventava uma desculpa mirabolante para a não execução do trabalho e, muitas vezes, a professora comprava a ideia e estendia o prazo. Entretanto, os educadores de hoje já estabelecem uma nova tática: deixam pré-avisado que o atraso do trabalho não será aceito, ou que o prazo pode ser ampliado, mas a avaliação valerá menos pontos. É assim que ocorre na vida, pois quem não honra prazo perde pontos perante os outros.

Organize seus horários e dê chance a seu filho de organizar o dele. Ele pode compor seu tempo e deixar exposto no quarto para lembrar que existe uma agenda para cumprir também. Enganam-se os que acham que dona de casa não precisa também organizar a agenda!

Aprenda a lidar com a própria tensão e com o estresse. Reavalie as prioridades do dia a dia, assim que estiver consciente de que procura fazer o melhor para seu filho. Ajude-o com firmeza nas palavras. Dessa forma você estará curado da Síndrome do Genitor OCulpado!

Flexibilidade mental

O quadro a seguir serve para você! Você deve tê-lo em mente para ajudar seu filho, pois esse esquema é pertinente para qualquer ser humano que deseja ser feliz! Existem pais que acabam detectando, inclusive, dificuldades em aspectos semelhantes aos dos filhos.

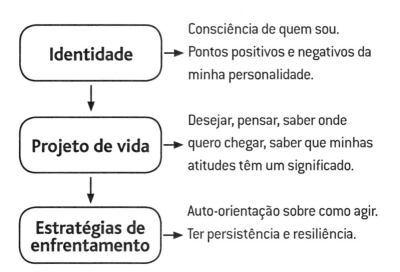

capítulo 5

Pedagogia doméstica

O que é uma pedagogia doméstica? Não é justo o pai, ou a mãe, ao retornar do trabalho depois de um dia estressante, ter de catar objetos espalhados e realizar funções que os filhos poderiam ter exercido se não tivessem ficado a tarde toda no MSN, por exemplo.

Sempre digo para os adolescentes que eles estão sendo "paitrocinados"; portanto, têm todo o dever de mostrar resultados. Um atleta que não vai bem receberá dinheiro da empresa patrocinadora por muito tempo? Claro que não! Existe um grande investimento que é feito na formação de uma criança, até porque hoje se exigem vários cursos (muitos idiomas, informática, cursos técnicos...). Quanto melhor o currículo, mais fácil se estabelecer.

Um filho que ajuda os pais mostra reconhecimento. Isso deve ser ensinado desde cedo. A cobrança das tarefas citadas a seguir é importante para o exercício da autonomia:

E AGORA, MEU FILHO NÃO GOSTA DE ESTUDAR!

✓ recolher objetos espalhados pela casa;
✓ separar roupa suja e colocar para lavar;
✓ preparar a mesa para o café, almoço ou jantar;
✓ ajudar na ida ao supermercado e desempacotar as compras;
✓ arrumar a própria cama.

Por maior que sejam os recursos financeiros de uma família, por mais empregados que trabalhem no lar, é importante que os pais deem aos filhos alguma função para a manutenção da ordem doméstica. A criança com 7 anos já tem total capacidade de colocar alimento para o cão, por exemplo. A boa vontade seletiva não tem explicação plausível. Como pode um adolescente saber instalar diversos programas no computador, manipular muito bem aparelhos eletrônicos e não saber lavar a louça?

As "pequenas" responsabilidades que são cumpridas preparam a disciplina para cumprir outras "grandes" responsabilidades futuras. As mordomias do cotidiano dão margem à preguiça juvenil. Eles precisam de novos estímulos para treinar novas funções. Sozinhos, não são capazes de encontrar a motivação de que necessitam para agir e cuidar da própria vida. Assim, precisam ser incitados a iniciar as atividades, mexer com o corpo e com a mente. Até o direito à preguiça precisa ser conquistado, ser legitimado pela execução de uma tarefa prévia bem cumprida (atividades escolares e também aquelas pertencentes à manutenção da ordem doméstica).

PEDAGOGIA DOMÉSTICA

São fundamentais:

✓ Regras de cooperação doméstica para toda a família, estabelecidas em uma conversa.

✓ Anotações sobre o que deve ser feito e orientações de como fazer (caso seu filho não saiba).

✓ Escolha, por meio de um consenso, de um horário semanal para realizarem certa atividade juntos.

É comum as mães afastarem os filhos da cozinha, pois querem evitar a desordem. O que elas não sabem é que podem arrumar alguns "estragos" inicialmente, mas já começam a ensinar importantes lições: lavar o prato que sujou, por exemplo. Ouvi uma mãe dizendo que coloca todos os dias a comida no prato do filhinho. A idade dele? Dezenove anos. E se esse rapaz resolver estudar fora, fazer um intercâmbio, por exemplo? A adaptação será mais complicada.

A construção social e o espírito de equipe também são formados em casa. O sedentarismo tem aumentado a propensão para certas doenças, e a malhação exagerada em academias tem levado à busca exclusiva pela cultura da estética.

É uma questão de solidariedade mútua dentro de casa. A empatia é um diamante. Pessoas empáticas arrastam multidões. Entendem o outro, compartilham. Afinal, após passarmos pelas eras Agrícola, Industrial e Tecnológica, hoje estamos na era dos Relacionamentos. Quando uma vaga de emprego é anunciada no jornal, todos correm e enfrentam uma fila de concorrentes, muitas vezes, com o currículo nivelado. Mas quem se destaca? Aquele que sabe se relacionar bem! Que faz seu trabalho e ajuda o companheiro da empresa. Ora, os pais que não incentivam os filhos a colaborarem nas tarefas domésticas estão dificultando o desenvolvimento do espírito de cooperação, do gosto pela ordem, como em uma colmeia. Cada um tem uma função para que aquela colmeia seja bonita e eficaz.

O que pretendo afirmar, mais uma vez, é que a ultradependência e a superproteção prejudicam a criança ou o adolescente quando ele tiver de executar as próprias tarefas. É aí que a pedagogia doméstica se insere como fundamental, no ensinamento do autocuidado. Antigamente, quando as pessoas residiam em fazendas, a pedagogia doméstica funcionava muito bem. Cada um tinha seu ofício na casa e dias determinados para cuidar de tarefas especificadas. Atualmente, mesmo morando em pequenos apartamentos, a organização familiar pode não ser estabelecida. O estresse do trabalho somado ao do lar podem roubar a harmonia. E é comum a criança usar isso como argumento para não estudar.

O filho repousa no berço esplêndido dos lares da classe média. A fartura de mão de obra doméstica aliada à disponibilidade de recursos de lazer dentro de casa fazem com que meninas não saibam pregar um botão, meninos não consigam descascar uma fruta. Em países europeus, a presença da empregada doméstica não é comum nos lares, e os adolescentes reclamam mas têm de aprender a cuidar de si; portanto, acabam assumindo uma postura diferente.

PEDAGOGIA DOMÉSTICA

Um fenômeno cada vez mais comum: adolescentes são mestres no preparo de sanduíches e refeições rápidas, mas não sabem arrumar a mesa para o jantar. Conseguem rapidamente uma carona para ir à festa, mas têm dificuldade de arrumar carona para ir ao curso de inglês, ou para o colégio. Só fazem a cama se obrigados, e não põem a roupa para lavar. Por que jovens não sabem adiantar o jantar para os pais que chegam tarde do trabalho?

A criança não deve ser um pequeno escravo a lavar, passar, cuidar do preparo de todas as refeições, e de outras atividades domésticas, mas também não deve usufruir de tudo sem ajudar. Michelângelo, como todo grande gênio, disse com muita simplicidade uma das frases mais bonitas sobre educação: "Educar é tirar os excessos!"

Crianças e adolescentes têm muita energia. Antigamente, quando a violência não tinha instalado o caos urbano, podia-se brincar na rua, correr, se divertir pra valer com jogos e com os amigos, sem os perigos com os quais nos deparamos hoje. A obesidade se tornou um problema de altas estatísticas (dez por cento das crianças brasileiras são acometidas pela doença). As comidas rápidas e pouco nutritivas aliadas à falta de exercícios levam ao sobrepeso. A criança ingere mais energia do que gasta.

A hiperatividade pode ser também consequência de uma "hipoatividade", ou seja, a criança passa a gastar energia de forma inadequada. Tem o pensamento acelerado e o corpo passivo; portanto, não consegue ter autocontrole.

O exercício físico melhora a produção de dopamina assim como de outros neurotransmissores, tais como serotonina e endorfina. A produção desses neurotransmissores melhora a comunicação interna do indivíduo e sua integração com o meio no qual está inserido. Ou seja, neurotransmissores são mensageiros do cérebro.

Os problemas com a imagem corporal, ou seja, adolescentes que se acham gordas e entram em regimes absurdos, podem levar até ao óbito, como vemos na mídia. Ou seja, todos nós somos expostos a um padrão de beleza... mas e o ritmo de vida saudável?

Diante da televisão ou do computador durante horas, a criança e o adolescente ficam muito vulneráveis ao que está sendo apresentado. Um em cada três adolescentes americanos afirma querer experimentar o que viram na televisão. Como os pais terão controle sobre isso? Por que não destinar horas do dia para atividades produtivas no lar e para o cumprimento dos deveres?

Uma criança que fica horas no videogame pode ter um corpo saudável? Que hábitos de vida ela está acostumada a levar? E os pais? E o que a família realiza junto? Reunir a família para cortar a grama em um sábado pode ser uma tarefa divertida, ou não? O que você acha sobre reunir os filhos para fazer um bolo? Quantas vezes fizeram isso? Podem ser memórias eternas. Pode ser um grande presente para seu filho oferecer momentos de prazer por meio da união. Não precisam ser dias, horas. São pequenas e inesquecíveis ocasiões!

PEDAGOGIA DOMÉSTICA

Você conhece seu filho?

Esse é um teste que entrego aos pais em minhas palestras e peço que eles respondam como se fossem os filhos, e depois deem para que eles corrijam. É no lar que essas trocas de informações ocorrem. Responda e entregue. Você também pode fazer o contrário. Pedir para que ele responda e veja se seu (sua) filho(a) conhece você. Boa sorte!

Esse é um teste para você!

Conhece seu filho?

O que seu filho responderia nas perguntas a seguir? Escreva e depois peça para ele corrigir.

Cor preferida _____

Melhor viagem _____

Filme preferido _____

Banda preferida _____

Comida preferida _____

Fruta preferida _____

Livro preferido _____

Programa de TV _____

Matéria preferida na escola _____

Professor preferido _____

Maior virtude _____

Maior medo _____

Maior sonho _____

Dia mais feliz que passou

(se pudesse voltaria no tempo) _____

Talvez você se pergunte: "O que isso tem a ver com o fato de meu filho não gostar de estudar?"

Esse é um pequeno termômetro da relação entre vocês. Como está o diálogo?

A ação dos pais não pode ser apenas exercida em resposta àquilo que eles acreditam serem atitudes ou comportamentos impróprios. Inteligência não se limita às atividades escolares. A resolução de problemas também é um aspecto da inteligência.

Avaliamos dificuldades de aprendizagem, distúrbios de aprendizagem e deficiência de aprendizagem. Desses três diagnósticos, o mais comum é a dificuldade de aprendizagem, geralmente ligada à parte emocional. Os outros dois diagnósticos são de origem orgânica, problemas de ordem cerebral. Portanto, todos nós, quando estamos bem emocionalmente, produzimos e nos dedicamos mais ao nosso ofício.

É importante salientar também que o estímulo a práticas religiosas, ou melhor, o exercício da espiritualidade, também pode fazer parte de uma pedagogia doméstica. Os ensinamentos espirituais constituem a formação humana. O amadurecimento pessoal se desenvolve diante da ampliação da visão de mundo. É comum as pessoas se apegarem à espiritualidade para superarem as piores situações e se equilibrarem. A redu-

PEDAGOGIA DOMÉSTICA

ção dos comportamentos antissociais o afastamento de situações de risco podem ser trabalhados a partir de um contexto que acolhe filosofias e visões de valores humanos.

Permita que seu filho realize tarefas no lar, mas não cobre que ele faça como você. A perfeição não existe! Mas a integração familiar estará sendo exercitada. Você também pode introduzir, por exemplo, o assunto da cultura nordestina, preparando um prato típico da região. Isso é pedagogia doméstica! Durante a refeição vocês poderão discutir, com prazer, a geografia.

Transformar ações negativas em positivas, o tempo improdutivo em tempo produtivo, é perfeitamente possível, desde que novos caminhos sejam traçados.

Os filhos escolhem o restaurante, o destino de férias, os programas de televisão, quem os pais devem receber em casa ou não, as roupas e, se forem contrariados, armam verdadeiros barracos. Mas será que reconhecem que devem ajudar os pais? Será que os pais têm consciência de que podem pedir auxílio aos filhos? Eduque o cérebro de seu filho para o uso de funções sociais não exercitadas. A função social começa da manutenção da ordem doméstica.

Um lar caótico pode ser um impedimento para o bom desenvolvimento nos estudos. Pense se está tudo funcionando bem em sua casa, se falta algum item citado. Solicite a opinião do seu filho sobre a dinâmica familiar e decidam juntos o que pode facilitar a rotina. Compartilhe ideias, opiniões, sugestões e seja um canal de comunicação, um vínculo entre todos. Boa sorte!

capítulo

O que é necessário saber sobre o estudo?

Você não pode estudar pelo seu filho, mas deve orientá-lo. Não profira discursos intermináveis; muitas vezes, eles têm a capacidade de desligar os ouvidos. Digo para os pais que eles podem entrar em uma batalha desgastante e sair sem sucesso. Por exemplo, a mãe que vê o filho entrando com o tênis sujo em casa após o jogo de futebol. Ela pode ligar o automático e falar sem parar, ou pode olhar nos olhos dele e dizer apenas: "Tênis?" Certamente, ele já vai compreender.

Os pais que incentivam a criança, desde a idade escolar, a reservar um horário para os estudos, têm maior chance de formar filhos conscientes dessa rotina diária. Aos que não fizeram isso, um recado: sempre há tempo!

A aprendizagem é uma atividade pessoal que se baseia na consciência da necessidade e na motivação. Outros fatores podem ajudar ou atrapalhar a atividade de aprender:

1. Alimentação

Uma alimentação saudável, balanceada e equilibrada favorece a dinâmica cerebral necessária no processo de aprendizagem. Beber pouca água também pode causar sonolência e desmotivação. Portanto, analise os hábitos alimentares de seu filho. Converse, assista com ele a documentários como *A Dieta do Palhaço*, para que forme a visão da importância de se alimentar bem. Pesquise sobre alimentação na internet com ele e mostre que ela está ligada ao rendimento intelectual.

Muitos adolescentes saem de casa pela manhã sem tomar café. Cortam uma refeição importante e isso pode prejudicar a memória e a atenção durante as aulas, desmotivando-o. Nós renovamos 50 milhões de células por dia, e um cardápio nutritivo é fundamental, principalmente na fase de desenvolvimento corporal.

2. Exercício físico

Como citado, a atividade física, antigamente representada pelas brincadeiras de esconde-esconde e pega-pega, é essencial para a saúde do seu filho. Portanto, reserve um tempo durante a semana no qual ele possa renovar as energias. O excesso pode ser prejudicial, e a musculação na adolescência requer orientação médica.

As atividades em grupo também ajudam no crescimento emocional, pois os jogos promovem a integração e o respeito às regras.

3. Ergonomia e local de estudo

Verifique se seu filho estuda na posição correta e em local confortável. A criança deve estudar em ambiente silencioso, com temperatura agradável, desligar o celular e televisão e evitar atender ao telefone de casa. A internet só deve ser ligada nas horas reservadas para pesquisas. Muitos adolescentes estudam com o MP3 no ouvido, no mais alto volume. Não dá para se concentrar assim. Explique a ele que muitos jovens já sofrem com zumbido no ouvido, e esse é o primeiro sinal que indica a probabilidade de futura surdez. Mostre, com exemplos, que a ergonomia e o local de estudo são importantes.

Qual o melhor estudo para seu filho?

As crianças que gostam de estudar costumam ter uma metodologia de estudo. Elas sabem como aprendem melhor. Algumas descobrem que têm boa memória auditiva, então leem para si mesmas, ou pedem que alguém leia ou faça perguntas. Há estudantes que têm boa memória visual; portanto, fazem resumos e observam atentamente o livro. Você sabe de que forma seu filho aprende melhor? Ele sabe?

Estudar requer algumas etapas: leitura, exercício e revisão. Compreender e resumir também são ações que devem fazer parte do processo. E é aí que os pais devem atuar.

Os pais não podem estar ao lado do filho sempre que ele estiver realizando o dever de casa. Mas podem cobrar diariamente um relatório do que foi estudado. As folhas de resumo, ou de exercícios, devem ser apresentadas. Aí, cabe um pouco de disciplina também aos pais. Se demonstrarem interesse pela atividade do filho, este saberá que a execução é necessária.

A infância e a adolescência são treinamentos para a vida adulta

Não somos cobrados no nosso emprego e temos de fazer relatórios e prestar contas? Pois é! Devemos ensinar isso às crianças também! Criou-se um mito de que elas devem ter total liberdade e os pais querem só ver os resultados no boletim. Entretanto, não é bem assim. O processo de estudo, até a chegada da avaliação e das provas, também deve ter a participação dos pais. Se a criança é educada com total poder de decisão sobre seus horários e não cumpre os deveres, ela deve ter um ônus. E ter um bônus quando tem sucesso. Isso não é comprar o bom resultado da criança. É mostrar reconhecimento.

Quando falo em bônus não é necessariamente ir ao shopping e pedir que ela escolha algo. Pode ser um passeio juntos, o envio de flores ou de uma carta congratulando pelo bom desempenho, presenteá-la com um livro. Os pais reclamam que

O QUE É NECESSÁRIO SABER SOBRE O ESTUDO?

seus filhos não leem, mas será que eles entram em livrarias e pedem que se escolha um livro? Se fizerem isso, será que sentam junto e leem trechos da matéria, demonstrando que têm interesse pelos assuntos nos quais está envolvido?

Tudo isso conta!

"Mãe, hoje não tem dever de casa."

Os profissionais da educação cansam de desmentir essa frase. Há dever de casa sim! Além disso, estudar não se trata de realizar essa tarefa. A releitura da matéria dada e resumos do que foi apreendido são atividades essenciais do cotidiano. Ou seja, a criança deve ter o costume de escrever diariamente e ser cobrada por isso. Repito, a total liberdade que se tem oferecido não funciona. Porque a criança precisa de limites. Para os pais que trabalham fora, digo que *devem assinar e datar folhas em branco e cobrá-las com resumos das matérias no final do dia. Isso pode ser muito cansativo, mas se for feito apenas esporadicamente não funciona.*

O hábito de estudar pode levar ao prazer de aprender! Além disso, ensina a administrar o próprio tempo. A organização pessoal também é uma herança desses hábitos. Existem crianças que, desde pequenas, já têm esse objetivo. Outras precisam que os pais incentivem o tempo todo!

Vemos situações de mentiras e corrupções na área política e a criança também observa esses exemplos na gestão do país e do mundo. Ela também pode tentar burlar as leis em casa e na escola. Pais e professores devem estar atentos às possíveis mentiras.

"Mãe, pai, estudar é chato!"

Essa justificativa nunca deve ser aceita pelos pais, pois estudar é, ao mesmo tempo, um direito e um dever da criança.

"Setenta e sete milhões de crianças no mundo continuam fora da escola!", declarou a ONU em outubro de 2006. Quatro de cada dez crianças que nascem no mundo em desenvolvimento crescem mergulhadas na pobreza, na desnutrição e sem poder ir à escola.

Este é um privilégio considerado chato por muitos jovens de todas as classes. Alguns, no interior do Brasil, precisam fazer verdadeiras viagens diárias para chegar a uma casinha de sapê, sem condições ambientais, para então tentar estudar.

Nossos jovens precisam entender que conhecimento é poder. Em vários sentidos. O mais importante para mim é: quando lemos e temos um bom acervo de palavras, conseguimos nomear melhor nossos sentimentos, enfrentar situações difíceis com maior sabedoria. Sabe por quê? Porque encontramos, por meio das palavras que dizemos a nós mesmos, um conforto, uma perspectiva. E se o estudante entende e elabora os próprios conflitos, também se comunica bem com os demais.

O QUE É NECESSÁRIO SABER SOBRE O ESTUDO?

Os pais não devem ser vítimas nem condescendentes com este argumento. Não há como optar.

Sempre conto para os estudantes a biografia dos grandes gênios no decorrer da história: Leonardo Da Vinci, Albert Einstein, Thomas Edison... Eles amam ouvir que os gênios também tiveram dificuldades nos estudos e venceram. Da Vinci era muito autocrítico. Einstein não passou no vestibular. Thomas Edison, bem antes de inventar a lâmpada e outros objetos, tinha problemas na escola. O padre chamou sua mãe e disse: "Ele tem bicho no corpo, é um coça-bichinhos estúpido, que não para de fazer perguntas mas que custa a aprender." A mãe tomou a seu cargo a educação do mesmo menino, que, por seu lado, aprendeu com o que mais lhe interessava. Acabou por devorar todos os livros da mãe com temas sobre ciência. Montou um laboratório de química no sótão e, de vez em quando, fazia tremer a casa. Ele sempre foi muito grato à mãe por tê-lo inspirado.

Enfim, os jovens têm sonhos. É preciso instigar a capacidade de aprender contando histórias fantásticas. Eles ficam maravilhados ao ouvi-las! Jamais se esquecem! Mostre que as dificuldades são degraus para o sucesso, e não sinais de burrice. Mas é preciso disciplina para vencê-las, como esses sábios tiveram.

Para falar das dificuldades nos estudos, podemos exemplificar até com fenômenos da natureza. A piracema, por exemplo, tem seu período entre outubro e março, quando os peixes nadam contra a correnteza para a desova e reprodução. Ou seja, para atingir um estágio do crescimento, os peixes nadam contra a correnteza. A vida é assim. Mostre a vida aos filhos, não com eternos sermões, mas com histórias. E isso também vai depender do seu estudo.

"Não gosto de ler"

A criança que não tolera ser frustrada tem dificuldade em ler. A história do livro passa por nuances, descobertas, momentos excitantes e entediantes. A criança não pode simplesmente ler o final.

Infelizmente, no mundo rápido em que vivemos, as informações são prontas, resumidas. Mas a criança pode entrar no mundo fantástico dos livros se tiver experiências prazerosas de expectativas e descobertas por meio da leitura. Muitas vezes, as escolas apenas impõem as obras que deverão ser estudadas. A criança acaba não se envolvendo por não ter interesse pelo tema. Mas os colégios devem preparar para o vestibular. Então, o incentivo à leitura extraclasse é fundamental, assim como as rodas de leitura e a troca de obras literárias entre os amigos.

"Não consigo aprender!"

A criança que afirma que não consegue aprender deve ter sua vida investigada. Geralmente, os professores podem sinalizar se há desinteresse ou algo patológico. A partir da observação

O QUE É NECESSÁRIO SABER SOBRE O ESTUDO?

da equipe escolar e de um diálogo com o estudante, vê-se a necessidade ou não de um diagnóstico de um especialista.

Existem casos de problemas na visão, audição, dislexia, transtornos relacionados a algumas matérias específicas, ou seja, dificuldade no raciocínio lógico ou na interpretação. Dependendo do diagnóstico, será indicado algum tipo de acompanhamento: auxílio médico, psicopedagógico, psicológico, fonoaudiológico, aulas particulares ou outros.

Algumas crianças precisam sentar nas primeiras carteiras. A proximidade com o docente ajuda na concentração e em tirar as dúvidas. Outras perdem facilmente a atenção e conversam muito durante as aulas. Nesses casos, realmente fica difícil aprender. Portanto, pais e escola precisam estabelecer um diálogo permanente com o estudante para que este alcance a disciplina.

É possível que seu filho não compreenda a matéria por não ter algum conhecimento prévio – ele então se desmotiva, pois a base não foi bem estabelecida. O professor consegue detectar se é um problema atual ou uma dificuldade que ele traz de outras séries, por isso o contato com a instituição escolar é fundamental.

Existem alunos que estudam muito e não se dão bem nas provas; outros ficam repetindo a afirmação "Não consigo aprender!", se acomodam e não se esforçam – aí os resultados realmente não são bons. Qual é a origem dessa afirmação? Que dados concretos comprovam que alguém não consegue aprender? É preciso investigar, e não simplesmente aceitar a afirmação e ponto!

"Estudo para passar"

É somente a escola que reprova? Não! A vida também reprova. Portanto, para cada etapa a ser vencida existe um funil.

Os estudantes que não se incomodam em passar na média estão aceitando que não podem dar o melhor de si. Muitas vezes, os pais dizem: "Eu não cobro nota, só quero que o meu filho passe!" O que o filho interpreta é que não há o valor da excelência. Entretanto, a vida vai cobrar a superação dos limites e ele não saberá como alcançar o êxito.

A competição consigo próprio não é nociva e precisa ser estimulada. O estudante que vai para a prova esperando um seis ou sete tem mais chances de conseguir menos do que de conseguir mais.

Não é que os pais tenham de ser verdadeiros terroristas e castigar o filho por tirar nove, ou dizer insistentemente que ele precisa tirar nota dez e estar sempre à beira da perfeição. Não é isso! Mas a baixa expectativa não impulsiona.

Reafirmar constantemente a capacidade de fazer os resumos, interpretar um texto, resolver uma equação, é uma forma de dizer: "Que bom que você está se preparando para um desempenho excelente na prova!" A excelência está ao alcance de todas as pessoas, basta saber trabalhar construtivamente e em um ritmo diário.

Quando os pais encontram os filhos e perguntam, no final do dia, "o que você aprendeu hoje?", estão incentivando a pes-

O QUE É NECESSÁRIO SABER SOBRE O ESTUDO?

quisa constante. O filho já sabe que uma questão o espera, portanto, tende a se preparar para respondê-la.

Se o seu filho acha o dez impossível e inalcançável, você terá de vender o impossível! Os pais podem ser grandes vendedores de ideias!

Pais que não acreditam verdadeiramente nos filhos podem fazer com que eles não acreditem no próprio potencial.

A prova serve para atestar o que se aprendeu, portanto, o objetivo é aprender. E não podemos nos esquecer que estamos em uma sociedade extremamente competitiva. Quem não mostra o que sabe, ou não tem a intenção de se dedicar para saber, dificilmente encontra um espaço no mercado de trabalho. Manter-se à frente não é tarefa fácil, mas tem sido cada vez mais necessária para a conquista de objetivos.

capítulo 7

Organize a bagunça!

A hora da conversa

Está na hora de mostrar para seu filho que a situação deixa você realmente descontente, que ele se prejudica com isso e que é o momento de mudar. Não vai ser fácil, mas você estará ao lado de seu filho para ajudar no que for preciso; porém, vai cobrar. Você não permitirá mais a falta de compromisso com os estudos e com o próprio futuro. De forma firme, mas serena, você explicará que as regras servirão para beneficiá-lo. Pergunte o que você pode fazer para ajudar. Ele pode escolher os próprios horários, mas terá de executar o que for acordado.

Costumo dizer que não adianta os pais determinarem os horários de estudo. Já vi pais que trancavam a criança no escritório a tarde inteira, mas as notas continuaram baixas. Não é a quantidade do tempo que importa, é a qualidade do estu-

E AGORA, MEU FILHO NÃO GOSTA DE ESTUDAR!

do e o compromisso. Portanto, alguns adolescentes têm a necessidade de duas horas de sono à tarde. Ok! Mas pergunte a seu filho qual horário a atividade cerebral dele está a todo vapor? Qual horário ele pode se comprometer? Se você escolher um horário para ele, não estará incentivando a autonomia e a gestão do próprio tempo.

Não importa a idade que seu filho tenha, está na hora de ajudá-lo. Não importa a série ou curso que esteja fazendo; sempre que ele passa por dificuldades, o que vale é a automotivação.

Estudar é um exercício diário, portanto, deve-se começar por uma agenda, uma organização de horários. Não somente para o estudo como para o lazer, o transporte, as atividades em geral.

Segue um exemplo.

ORGANIZE A BAGUNÇA!

Horário das aulas

Horário	Segunda	Terça	Quarta	Quinta	Sexta	Sábado	Domingo
A							
U							
L							
A							
S							

Horário de estudar

Horário	Segunda	Terça	Quarta	Quinta	Sexta	Sábado	Domingo
E							
S							
T							
U							
D							
O							

ORGANIZE A BAGUNÇA!

Horário de lazer e outras atividades

Horário	Segunda	Terça	Quarta	Quinta	Sexta	Sábado	Domingo
L							
A							
Z							
E							
R							

E AGORA, MEU FILHO NÃO GOSTA DE ESTUDAR!

Organização pessoal – horário semanal

Horário	Segunda	Terça	Quarta	Quinta	Sexta	Sábado	Domingo
6-7h							
7-8h							
8-9h							
9-10h							
10-11h							
11-12h							
12-13h							

ORGANIZE A BAGUNÇA!

13-14h	14-15h	15-16h	16-17h	17-18h	18-19h	19-20h	20-21h	21-22h

Você conhece a Lei de Parkinson?

A Lei de Parkinson diz que o trabalho tende a preencher (ou adaptar-se) ao tempo disponível ou alocado para ele. Se você alocar uma hora para determinada tarefa, terá mais chances de terminar o trabalho dentro desse prazo.

Ajude seu filho a estabelecer sempre a quantidade de horas e datas para conclusão dos trabalhos. Provavelmente ele descobrirá um meio de fazê-lo dentro do prazo estabelecido, e a produtividade aumentará bastante.

Diagnóstico dos problemas

Primeiramente, é necessário delinear muito bem os direitos e deveres. Dever cumprido, direito adquirido! Portanto, caso seu filho demonstre não ter consciência da própria dificuldade, peça para que ele escreva uma lista expressando bem seus direitos e deveres. Se ele sempre pensa que a diversão é o mais conveniente, vai reconsiderar a situação quando começar a preencher essas tabelas e também se dar conta de como está organizando seu tempo.

Os pais podem ter certeza de que em um ambiente contornado por exigência os filhos ficam mais seguros.

Todo ser humano tem certa tendência a se dedicar mais às tarefas nas quais obtém sucesso. É muito comum um estudante afirmar que tem preferência por algumas matérias, e se

ORGANIZE A BAGUNÇA!

verificarmos, elas coincidem com as notas mais altas. Isso ocorre na maioria dos casos.

Não é por incompetência natural que os estudantes não têm êxito em algumas matérias. A decepção constante pode ter levado à desmotivação.

Algumas pessoas e certos jovens têm o costume de fugir das autoavaliações. Omitir o problema pode ser mais fácil do que enfrentá-lo. Fingir que a dificuldade não existe é uma forma equivocada de lidar com ela.

Portanto, antes de qualquer coisa, ajude seu filho a olhar mais atentamente a si próprio. Conduza-o de modo a perceber onde estão as falhas nos estudos. Paralelamente, você também estará reconhecendo os "pontos fracos" para poder auxiliá-lo, mesmo que trabalhe fora e não possa acompanhar todos os deveres de casa.

Grande parte das escolas incentiva e pede uma autoavaliação dos estudantes, mas, muitas vezes, os pais não têm acesso a esse material. Você pode pedir para que seu filho preencha as lacunas, pode ajudá-lo a analisar e detectar as falhas no processo de aprendizagem. Localizando as falhas, ele terá mais chance de melhorar as notas e, dessa forma, poderá aumentar seu interesse e sua motivação para estudar.

E AGORA, MEU FILHO NÃO GOSTA DE ESTUDAR!

Quadro de autoavaliação e recursos de aperfeiçoamento

Peça para que seu filho retrate, no quadro a seguir, a autoavaliação em todos os itens que são fundamentais para o sucesso no cotidiano escolar. Ele deverá pintar os retângulos de acordo com o item correspondente a cada matéria:

Vermelho	Insuficiente ou regular
Verde	Bom, mas posso melhorar
Azul	Excelente, tenho me esforçado e obtido ótimo resultado!

Pinte todos os retângulos!

ORGANIZE A BAGUNÇA!

	Língua Portuguesa	Literaura	Biologia	História	Geografia	Matemática	Física	Química	Ed. Física
Concentração									
Compreensão									
Interesse									
Aplicação									
Disciplina									
Pesquisa									

Interprete o quadro anterior:

Matérias	Itens para aperfeiçoar	Estratégia	Prazo
Língua Portuguesa			
Literatura			
Biologia			
História			
Geografia			
Matemática			
Física			
Química			
Ed. Física			

Por meio dessa tabela você pode identificar quais são as reais dificuldades de seu filho. Você deve adequar o quadro se informando a respeito das matérias que ele estuda. Esse é um simples modelo. Incentive o preenchimento periódico dessa tabela e acompanhe se as estratégias e os prazos de melhora estão sendo cumpridos.

ORGANIZE A BAGUNÇA!

Avaliação sobre cada matéria estudada. Marque de 0 a 10!

Matérias	Grau de dificuldade	Grau de empenho	Grau de motivação	Anotações durante a aula
Língua Portuguesa				
Literatura				
Biologia				
História				
Geografia				
Matemática				
Física				
Química				
Ed. Física				
Ed. Artística				

Você acha que perde ou ganha tempo com seu filho?

Habilidades, aptidões e interesses

Essas três palavras são fundamentais quando falamos em motivar para os estudos. O *Dicionário Houaiss* as define da seguinte forma:

- ✓ Habilidade é a facilidade na prática de uma atividade;
- ✓ Aptidão é 1. Vocação, inclinação, 2. Capacidade (inata ou adquirida);
- ✓ Interesse é 1. Conveniência, vantagem, 2. Cobiça, 3. Empenho, 4. Simpatia, 5. Atrativo, 6. Importância.

Os jovens precisam ser estimulados a descobrir suas potencialidades. Portanto, peça para seu filho listá-las. Essa conscientização vai aproximá-lo dos estudos. Desde pequeno ele deve saber em quais atividades é bom, quais são seus interesses e habilidades.

Se seu filho reflete a respeito disso, terá mais facilidade de descobrir a profissão que deseja seguir.

Peça que ele organize um local de estudo

Como se pode ver, temos de organizar também nosso lazer. No primeiro quadro você pode aplicar a pedagogia doméstica.

Existe um mito de que administrar o tempo é virar escravo do próprio relógio. Isso não é verdade! Ao organizar bem o tempo, meu orçamento sobe, o estresse diminui, reserva-se espaço para diversão e a vida não se atropela. Claro que os imprevistos ocorrem e sempre vão ocorrer, pois não temos domínio de tudo. Mas o lema "deixa a vida me levar!" pode ser muito perigoso.

Explique para seu filho o quão prazeroso é estar inteiro no que se está fazendo. Cada vez que o horário for bem cumprido, a consciência ficará mais leve. Quando ele estiver vendo televisão, estará inteiro, assistindo ao programa de sua preferência. Ao se acostumar com os horários, tudo será mais fácil e a vida fluirá sem atritos.

Estudar somente nas vésperas de prova não é a metodologia do sucesso! Tanto que não se recomenda estudar na véspera do vestibular. Véspera de prova é para fazer apenas uma revisão do conteúdo.

Quando a escola marca um teste-surpresa, os pais correm para reclamar. Entretanto, o que eles não percebem é que se trata de uma ótima estratégia para incentivar o estudo diário. Lembrem-se: "a adolescência é um treinamento para a vida adulta!" Portanto, com essa atitude, os colégios preparam o estudante para, no futuro, lidarem bem com reuniões marcadas de última hora, perguntas imprevistas, ou seja, preparam para a vida. Um professor pode avaliar seu estudante a qualquer momento! Claro que existe um calendário escolar que deve ser respeitado, mas as avaliações não devem se restringir a uma semana determinada.

Existem estudantes que ficam excessivamente nervosos na hora da prova, o famoso "dar branco". A ansiedade, numa dose certa, é importante para o organismo, pois o tira da passividade. Quando essa ansiedade é repetidamente prejudicial, deve-se procurar ajuda psicológica.

Tive uma paciente que sempre tirava a mesma nota baixa em determinada matéria. Ela dizia: "Estudando muito ou pouco, só tiro nota baixa". Assim, como explica muito bem o documentário *O Segredo* (que, por sinal, gosto de passar nas minhas aulas), ela já esperava essa nota e, inconscientemente, lutava por ela. Pedi que a paciente mentalizasse outra nota que fosse maior. O que você pensa, você sente. O que você sente, você vibra. O que você vibra, você atrai! Na semana seguinte ela veio com a notícia de que, pela primeira vez em um semestre, tirou uma nota maior!

Faça esse exercício junto de seu filho! Mentalize coisas boas com ele, faça com que ele mentalize que está cumprindo tudo o que escreveu na tabela de horários, com que se imagine estudando e recebendo ótimas notas. Trabalhe a respiração. A respiração reflete a atividade mental. Respirar bem e pausadamente acalma. Ensino isso para quem fica nervoso nas provas. Ao pegar o papel, preste atenção na própria respiração. Só isso. Já é um remédio antiestresse.

- ✓ Observe se seu filho está cumprindo os horários.
- ✓ Cobre, mostre que você tem atenção nos passos que ele dá.
- ✓ Dialogue. Elogie quando tudo está certo! Prive-o de algo que ele gosta, se descumprir os horários.

Como saber se as tarefas estão sendo feitas?

Veja os relatórios, os resumos! Todos os dias date e assine duas folhas em branco (frente e verso). No final do dia, elas devem estar com algum resumo ou exercício da matéria estudada. Isso é o mínimo que os pais podem exigir. Essa é uma estratégia simples e, se depender da disciplina dos pais, tem um ótimo efeito.

Peça que seu filho marque as partes mais importantes dos livros e apostilas. No fim do dia, apenas folheie o material. Veja se tem anotações. Esta é uma ótima dica. Se os livros estiverem "limpinhos", sem sublinhar nada, questione!

Peça que seu filho anote dúvidas, perguntas sobre o que estudou. Ninguém sabe tudo. Todos nós ficamos com "lacunas" a preencher quando lemos algo. Portanto, se ele tem dúvidas, significa que está lendo.

Visite a escola, um orfanato, uma casa de idosos

Frequentar o colégio para saber a avaliação dos professores é algo muito importante. Fundamental para saber o desempenho dele e para saber se os docentes o conhecem e o acompanham de verdade. Existem colégios onde os estudantes são apenas números nas chamadas. Os professores desconhecem o nome e a história dos educandos. Isso é péssimo. Um tratamento individualizado ajuda no desenvolvimento do estudante como ser humano.

Existem colégios em que se estrutura um vínculo entre o mestre e o estudante. Isso é muito bom! Alguns jovens chegam a ligar para o professor para dividir problemas emocionais.

Existem estratégias para valorizar a aprendizagem. Em escolas especiais, estudantes que têm dificuldade de aprendizagem (por várias razões) se empenham ao máximo nas tarefas que a professora propõe. Alguns só querem sair do colégio quando finalizam o dever. Então, fazer um encontro dos adolescentes especiais com outras turmas ditas "normais" é fantástico. Esse intercâmbio de ideias e essa lição de vida são enriquecedores. Adolescentes que não possuem nenhum distúrbio passaram a pensar mais sobre si próprios e nessa ausência de automotivação.

Certa vez contei a história de uma americana que fez a campanha dos centavos no colégio. Logo as pessoas do bairro, da cidade, começaram a doar o que podiam. Essa menina arrecadou milhões para as crianças pobres na África. Ao contar isso, foi realizada a "Campanha do Real" por algumas meninas. Elas arrecadaram dinheiro e fizeram doações para uma casa de idosos. Ao voltar, relataram para mim a importância de dar valor aos pais. Ou seja, são pequenas estratégias que levam aquele jovem a uma reflexão que dará frutos a vida inteira.

Pedir para seu filho doar brinquedos ou material de higiene e, por exemplo, levá-lo em um orfanato ou em um lar de idosos faz com que ele repense a vida e entenda que estudar e ter um lar é um privilégio! "Não existe verdadeira inteligência sem bondade", dizia, com muita propriedade, Ludwig van Beethoven.

É comum os filhos estarem isolados em condomínios. Vão de carro para o colégio, no fim de semana ficam no shopping, restaurantes, nas férias viajam, acabam sendo criados em uma redoma de vidro. Por mais que isso seja dito em casa, nunca viram um abrigo cheio, nunca vivenciaram as dificuldades da vida. São protegidos e acabam ficando alienados, não porque os pais querem, mas porque a correria do dia a dia impede que filosofem sobre esses fatos da vida real.

O que os filhos pensam? E o que podem pensar?

Os adolescentes tendem a adiar as responsabilidades. Ensinar a honrar prazos e estabelecer objetivos claros é uma grande meta para os pais.

O que os adolescentes costumam pensar?

- ✓ Fantasiam que ao ignorar uma tarefa ela desaparecerá.
- ✓ Os atrasos são inofensivos e não toleram a frustração.
- ✓ Acham que podem acumular matéria e resolver tudo na véspera dos exames.
- ✓ Têm dificuldade de passar para a ação e paralisam-se.
- ✓ Têm dificuldade de tomar decisão de estudar por si próprios.

E AGORA, MEU FILHO NÃO GOSTA DE ESTUDAR!

Estudar é ter os olhos no amanhã! Quando transmitimos lições tão marcantes, tiramos nosso filho da zona de conforto, que pode ser viciante e causar danos.

Portanto, encaminhe seu filho para a solução de duas perguntas básicas:

✓ Para que estudar?
✓ Como estudar?

Se ele chegar às respostas, já dará os primeiros passos!

Saber estudar é meio caminho andado. Depois que se aprende a aprender, diminui-se a atitude negativa em face do estudo. Para isso é necessário:

✓ Ter um objetivo claro.
✓ Tempo de estudo suficiente.
✓ Uso apropriado de estratégias de estudo.
✓ Autoavaliação contínua.
✓ Hábito de estudo.
✓ Atitude positiva.

Lembre-se que colocar o peixe na mão de seu filho não vai ajudá-lo. Alguns pais culpam-se por não terem tempo de estar ao lado do filho interpretando os problemas de matemática, ou elaborando questionários para testar o conhecimento sobre a matéria que vai cair na prova. Eventualmente, você pode e deve auxiliá-lo nesse sentido, mas isso não poderia ser um hábito. Os filhos devem aprender a estudar. Na hora da prova não haverá ninguém à seu lado para interpretar o que está sendo pedido na questão.

Quando uma mãe diz: "Ao final das férias, você vai ver o que é bom...", está expressando que a escola é um fardo ou um castigo. Além disso, férias não é sinônimo de jogar os livros para o alto. É um momento no qual a criança pode até apreciar mais a leitura. Nesse período ela pode se encantar com livros que ela mesma escolheu para ler.

Se os pais dizem: "Não vejo a hora de as aulas recomeçarem para eu me livrar dessa bagunça em casa", estão sugerindo que a escola tem outra função, ou seja, de depósito de filhos bagunceiros. Tudo o que a criança ouve fica no inconsciente dela. A raiva de ir para a instituição de ensino é fruto de um somatório de causas.

Os pais que, além de enfatizar o colégio como fonte de prazer e crescimento, demonstram interesse pela rotina do filho, perguntando e escutando a respeito do que ele passa horas estudando, têm maiores chances de ver o filho curtindo o ato de estudar.

Se você não tem muito tempo para ler e conversar com seu filho sobre o que ele aprende, faça isso em pouco tempo, mas com frequência. Entretanto, ele não pode achar que esse é um momento chato e obrigatório para você. Esse instante do dia deve ser aconchegante e satisfatório para ambos.

A chave do sucesso está nos pais saberem, paulatinamente, catalisar o sucesso no hábito de estudar em casa. Os pais terão de instalar em casa uma verdadeira oficina de aquisição de competências para o bom desempenho acadêmico. Apenas esperar que o filho tenha uma cobrança interna não funciona, ou funciona tarde demais.

Em outros países, como os Estados Unidos, a forma de ingresso na faculdade é mais abrangente. O histórico do estudante é avaliado, são feitas entrevistas com perguntas para avaliar o autoconhecimento, e redações do tipo: "Por que você quer entrar nesta faculdade?" Claro, além disso há os exames. Isso vai motivando e ensinando que, quando se quer ocupar um lugar de destaque, é preciso ser digno dele!

capítulo

As inteligências múltiplas

A teoria das inteligências múltiplas foi desenvolvida, a partir da década de 1990, por uma equipe de pesquisadores da Universidade de Harvard liderada pelo psicólogo Howard Gardner. Ela identificou e descreveu originalmente sete tipos de inteligência nos seres humanos e obteve grande impacto na educação no início da década de 1990. Mais recentemente, acrescentou-se à lista um oitavo tipo, a inteligência naturalista.

São elas:

- ✓ Lógico-matemática – abrange a capacidade de analisar problemas, operações matemáticas e questões científicas. É mais desenvolvida em matemáticos, engenheiros e cientistas, por exemplo.
- ✓ Linguística – caracteriza-se pela maior sensibilidade para a língua falada e escrita. É predominante em oradores, escritores e poetas.

E AGORA, MEU FILHO NÃO GOSTA DE ESTUDAR!

✓ Espacial – expressa-se pela capacidade de compreender o mundo visual de modo minucioso. É mais desenvolvida em arquitetos, desenhistas e escultores.

✓ Musical – expressa-se por meio da habilidade para tocar, compor e apreciar padrões musicais, sendo mais forte em músicos, compositores e dançarinos.

✓ Físico-cinestésica – traduz-se na maior capacidade de utilizar o corpo para a dança e os esportes. É mais desenvolvida em mímicos, dançarinos e desportistas.

✓ Intrapessoal – expressa na capacidade de se conhecer, estando mais desenvolvida em escritores, psicoterapeutas e conselheiros.

✓ Interpessoal – é habilidade de entender as intenções, motivações e desejos dos outros. Encontra-se mais desenvolvida em políticos, religiosos e professores.

✓ Naturalista – traduz-se na sensibilidade para compreender e organizar os fenômenos e padrões da natureza. É característica de paisagistas, arquitetos e mateiros, por exemplo.

O conceito das inteligências múltiplas cabe perfeitamente no tema do livro, pois sempre temos predileção para algumas matérias e podemos odiar outras. Mas até mesmo para decidir o que nos motiva a estudar, precisamos passar por matérias que não nos interessam. Claro que, muitas vezes, quando o estudante gosta muito de um professor, automaticamente entende melhor a disciplina ministrada por ele.

AS INTELIGÊNCIAS MÚLTIPLAS

O que é fundamental explicar para seu filho é que precisamos exercitar o cérebro. Essa musculação cerebral só é possível quando acessamos neurônios de certas áreas do córtex.

O cérebro é uma máquina maravilhosa que desempenha múltiplas tarefas biológicas. Pesando pouco mais de 1 quilo e representando apenas 2% do peso total de um homem adulto, ele gasta 20% de toda a energia despendida no corpo. Entre as nossas duas orelhas, estima-se que existam mais conexões neurológicas do que estrelas na Via Láctea. Se alguém tentasse contar essas conexões, chamadas de neurônios, gastando um segundo em cada uma delas, levaria 32 milhões de anos para concluir a tarefa.

Apesar de termos interesses predominantes, o estímulo de outras áreas do cérebro é essencial. Portanto, não adianta um advogado fazer palavras cruzadas para exercitar a memória e as funções cerebrais. Ele já atua diariamente com a linguagem. É interessante que ele resolva problemas matemáticos, por exemplo.

Você deve explicar isso para seu filho – o momento escolar precisa dessa abrangência para o desenvolvimento intelectual e para que ele possa fazer a escolha do que "quer ser quando crescer" com mais sabedoria.

Aliás, a pergunta "o que quer ser quando crescer?" coloca a criança em um futuro muito distante. Ela já está sendo! O que ela será depende muito do que ela faz e é agora, pois a nossa história é construída. Cada passo e cada interpretação que damos aos nossos passos vão nos deslocando para uma direção. Como respondeu o coelho quando Alice, no País da Maravilhas, perguntou: "Para onde vou?", "Se você não sabe para onde quer ir, qualquer lugar serve!" Ou seja, nenhum vento sopra a favor se seu filho não souber para onde quer ir. Não estou dizendo que uma criança, aos 8 anos, tenha de ter seu futuro definido, mas tem de desejar. O que seria de nós se não esperássemos que o amanhã será melhor do que o hoje?

Qual é o tipo de inteligência predominante em seu filho? Incentive a descoberta!

O talento

Talento provém da palavra latina "talentum", que por sua vez se origina do grego "tálanton". Tálanton era uma moeda ou uma medida de peso usada na Grécia e em Roma. Traduzia certa quantidade de ouro ou prata. Já o dicionário traz a palavra talento como "uma capacidade adquirida ou inata".

Todos nós temos talentos, aptidões, que aprimoramos ou não. Pode ser até algo que adquirimos pela prática. Podemos ensinar aos filhos que descobrir e falar sobre o próprio talento é falta de humildade. Mas, futuramente, em uma entrevista de emprego, ou dinâmica de grupo, talvez ele seja questionado sobre isso. Portanto, esteja atento e promova formas, cursos, para que ele reconheça e desenvolva o próprio talento.

Muitas vezes, os pais, na melhor das intenções, chegam com ideias prontas, informativos de cursos que o filho deve fazer. Isso pode ter o efeito oposto. Ele precisa se identificar com a atividade. Sugira, mas busque com ele. Sente-se a seu lado diante da internet e vejam juntos o que interessa.

Existem talentos em família. Filhos que se identificam tanto com os pais que acabam seguindo a mesma profissão. Quando veem que aquele trabalho do pai ou da mãe é gratificante, eles se espelham e seguem na mesma direção, com certas especificidades da própria personalidade.

É interessante provocar (no bom sentido) seu filho desde pequeno a refletir sobre o que ele faz com paixão, qual atividade o estimula. Encaminhe-o para esses pensamentos. Mostre histórias de quem se aperfeiçoou.

Tire seu filho da inércia. Faça perguntas que eu chamo de "perguntas-espelho": elas fazem a criança ou o adolescente olharem para si próprios com atenção.

Talento na sociedade

Vivemos em sociedade. Em uma sociedade, cada indivíduo precisa realizar algo importante para a autoestima e para o próximo. Nunca fomos tão dependentes uns dos outros. Peça para que seu filho encontre em casa um objeto feito unicamente por ele. Veja cada objeto, cada alimento que está na geladeira. Na mão de quantas pessoas o objeto passou? Quantos trabalharam para o produto final? Ou seja, de forma inteligente, com múltiplas aptidões, as pessoas fazem coisas umas pelas outras e pela própria sobrevivência.

Essas reflexões indicam para a pergunta: qual será meu papel na sociedade?

Foi realizada uma pesquisa com pessoas com mais de 90 anos. A pergunta era: "O que o senhor (ou a senhora) faria de diferente se pudesse viver novamente?" As respostas:

✓ Arriscaria mais.

✓ Refletiria mais.

✓ Realizaria mais coisas que permanecessem após a minha morte!

Mostre que ele é um ser humano que faz a diferença. Testemunhe as habilidades de seu filho com alegria. Muitas vezes, os pais vão apressados às festas e apresentações escolares. Outras vezes, nem conseguem arrumar espaço na agenda. Ou estão presentes, mas não veem aquela apresentação como uma realização pessoal do estudante. São pequenos gestos que fazem a diferença.

A necessidade de atingir objetivos pode ser despertada, por meio do reconhecimento das inteligências múltiplas e do talento como canais para a descoberta dos sonhos.

Uma questão de inteligência emocional

A inteligência emocional está relacionada a habilidades tais como motivar a si mesmo e persistir mediante frustrações; controlar

AS INTELIGÊNCIAS MÚLTIPLAS

impulsos, canalizando emoções para situações apropriadas. Pois é! Conheci uma estudante que, a cada capítulo ou matéria estudada, se autogratificava assistindo a um clipe da MTV, ou comendo um pedaço de torta na geladeira. Ou seja, ela segmentava o estudo e, a cada meta cumprida, se dava um "presente". Por meio desse método, ela conseguia sempre ser a melhor da turma.

As conexões cerebrais ligadas à parte emocional são muito mais rápidas do que as que se referem à racional. Portanto, devemos tentar administrar as próprias emoções. Nós não podemos evitar um pensamento, mas podemos, racionalmente, mudar seu curso quando não for favorável. Ou seja, é claro que essa estudante gostaria de ficar a tarde inteira ouvindo música, mas o autocontrole presenteado foi uma estratégia positiva que a levou para o sucesso.

Daniel Goleman, em seu livro, mapeia a inteligência emocional em cinco áreas de habilidades:

1. Autoconhecimento emocional – reconhecer um sentimento enquanto ele ocorre.
2. Controle emocional – habilidade de lidar com os próprios sentimentos, adequando-os para a situação.
3. Automotivação – dirigir emoções a serviço de um objetivo é essencial para manter-se caminhando sempre em busca.
4. Reconhecimento de emoções em outras pessoas.
5. Habilidade em relacionamentos interpessoais.

Se você observar uma, ou algumas dessas áreas, está em déficit com seu filho. Faltam o controle emocional, ou seja, ele só consegue aderir ao prazer, não ao trabalho; a automotivação, que é muito importante; focar o objetivo de estudar e se cobrar a realização das tarefas. É provável que ele não reconheça o quanto essas falhas provocam descontentamento nos pais.

A inteligência emocional é necessária para a sobrevivência humana, para não cairmos em depressão, ou para não ficarmos em um ciclo de escolhas nocivas para nós mesmos.

Ensine seu filho a realizar uma autoanálise. No final do ano, todos refletimos sobre o que foi realizado e quais são as metas para o novo ano. Mas isso deve ser analisado diariamente. Sempre pergunto para os estudantes: qual a sua meta da semana? Em que você está falhando? Como pode melhorar nesse aspecto? Conduza-o a pensar. As respostas prontas não resolvem o problema!

Redirecionar a energia emocional é um processo de conversa interna. Pergunte a seu filho como é sua conversa interna quando ele está em casa, sem cumprir os deveres.

Existe uma pergunta básica: "Numa disputa em que, de um lado há um cachorro bom e do outro um cachorro mau, qual vence?", "Claro que o que ganha é aquele que for alimentado."

Quando você faz um exercício de passar pequenas ordens para seu cérebro, ele orienta o corpo para a ação. Ajude seu filho a criar pequenas frases de automotivação. Por exemplo, "Vá em busca dos seus sonhos! O *Não* você já tem como resposta, o que vier é lucro!" Frases motivadoras são um recurso especial para qualquer problema ou limitação do dia a dia.

AS INTELIGÊNCIAS MÚLTIPLAS

Quando se diz "você não quer nada!" para a criança ou o adolescente, ela se aprisiona a essa regra.

Um estudante, certa vez, disse: "Não adianta estudar! Meu pai diz que sou burro mesmo..." Muitas vezes, além de se prender nesse papel, a criança usa as frases desmotivadoras dos pais para justificar os próprios erros.

As emoções podem iluminar a existência ou torná-la obscura e insuportável. Emoção vem de "emovere", que significa "pôr em movimento". É justamente disso que estamos tratando: pôr em movimento esse motor, essa vontade de aprender, que depende de:

✓ Autoestima: pergunte para seu filho se ele gosta de si mesmo. É comum encontrarmos crianças e adolescentes com uma imagem negativa de si próprio.

✓ Controle da impulsividade: saber adiar gratificações é fundamental.

✓ Gestão de metas e objetivos: o que impulsiona para o estudo é o entendimento do que se tem a ganhar.

✓ Aptidões: saber do próprio potencial e da necessidade de utilizá-lo.

✓ Atitude positiva: ter boas perspectivas.

✓ Equilíbrio.

O homem, assim como outros animais, tem uma tendência inata para lutar pela melhoria de sua posição. Basta ter um apoio interno e externo.

E AGORA MEU FILHO NÃO GOSTA DE ESTUDAR!

Gerenciar as emoções é um grande passo para o sucesso escolar!

Emoções e estudo: como fazer esse vínculo?

✓ Ajude seu filho a entender que ele pode se expressar por meio do papel.

✓ Ajude seu filho a entender os próprios conflitos por intermédio dos personagens dos livros!

capítulo

Desenvolva o sucesso

O fundamental é conquistar, realizar, mesmo que custe um pouco mais de esforço. O fato de estar lendo este livro já demonstra que você busca o sucesso em suas atitudes. Esse é um grande exemplo para seu filho.

Não vou enganá-lo: não é fácil, nem simples, mas a maternidade e a paternidade são missões belas. Acredito que os pais encontram seus filhos para um aprimoramento das próprias dificuldades em relação à vida. Eles são mestres, você é mestre. Um propõe desafio para o outro, nessa relação cheia de amor, repleta de nuances.

Ninguém consegue desenvolver o sucesso quando espera o fracasso. Este é o meu mantra! Portanto, verifique internamente o que esperar de seu filho.

É muito comum ouvir dos pacientes o quanto eles desejam determinadas coisas, mas quando pergunta-se se eles acham que merecem, a resposta é "Não!". Curioso isso, mas é verdade.

E AGORA, MEU FILHO NÃO GOSTA DE ESTUDAR!

As pessoas se sabotam quando não se sentem dignas do próprio sucesso.

Todas as ideias e estratégias de disciplina para seu filho serão como castelos de areia diante da maré alta se você não mudar a imagem mental que tem dele. É imprescindível que você mentalize que ele está estudando. Faça as cobranças, mas espere um bom resultado. Vou explicar o porquê. Está comprovado que os inconscientes se comunicam. Nossos sentidos estão o tempo todo lendo os sentidos dos outros. Portanto, suas instruções valerão muito, mas seu filho interpreta o que você espera dele. Se você não se preparar internamente para esperar o melhor, ele saberá que existe expectativa pelo fracasso.

É possível oferecer disciplina com respeito. Quando o nervosismo se instala, você perde a capacidade de análise da situação. Para desenvolver o sucesso em ajudar seu filho, você precisa ter calma e autocontrole. Sentar ao lado dele, olhar nos olhos, falar com firmeza. Alguns pais, no momento de exaltação, dizem: "Desisto de você!" Por mais que não seja a realidade, essa marca fica impressa. Portanto, tenha muito cuidado com as palavras que profere.

A atitude mental positiva é a melhor estratégia. Tendemos a fazer o que os outros esperam de nós. Não o que dizem para que eu realize. Tenho pacientes que estão em uma incansável busca por sucesso e mais sucesso. Sabe por quê? Exigência dos pais. Quando passam em um concurso, a mãe diz: "Que bom! Qual será o próximo que você fará?" Não julgo essa expectativa como certa ou errada, mas afirmo que ela, simplesmente, impulsiona.

"O peixe começa a apodrecer pela cabeça." Temos de entender que a mente gerencia o corpo. Para estar em contato com boas energias, a mente precisa estar em equilíbrio. Como está sua mente?

"Todo problema contém as sementes da própria solução", afirma Stanley Arnold. Antes de reagir, pense em como fazer isso da melhor forma. Seu filho não gosta de estudar. É um bom motivo para treinar a força de vontade, a persistência dele. Se ele anda nervoso e o estresse se multiplica no lar, vocês podem praticar exercícios de relaxamento juntos. Basta mentalizar as ambições, sentir a paz, falar frases positivas.

Além disso, não adianta querer ganhar na loteria. É necessário, pelo menos, comprar o bilhete. Sei que os pais, muitas vezes, são tomados por um cansaço de instruir. Mas, nesse momento, a disciplina dos filhos depende da disciplina, da exigência e da cobrança dos pais.

Em seu caso, as duas afirmações têm efeito:

"Crer para ver!"
"Ver para crer!"

Você faz passeios pedagógicos com seu filho?

Não cabe somente à instituição de ensino levar os estudantes para os passeios pedagógicos. Os pais devem introduzir os filhos na cultura, e não me refiro à cultura do consumismo. Passeios podem ser extremamente prazerosos quando são realizados em família. Portanto, se você levar seus filhos uma vez por bimestre ao jardim botânico, aos museus, teatros, à Biblioteca Nacional, zoológico, escolher um bom filme para assistirem no cinema, já estará dando um passo largo para motivá-lo a aprender.

Dificilmente os pais têm costume de visitar esses lugares, pois também há o preconceito de que são passeios chatos. Entretanto, em uma ida ao zoológico pode-se conversar e aprender sobre muitas coisas, sem deixar a diversão de lado. Não importa a idade. Por que não incluir um passeio pedagógico frequentemente em sua programação? Esse incentivo deve partir dos pais.

Tais encontros com a cultura exercem papel primordial para a construção da personalidade, da identidade e dos padrões de conduta. Uma excursão com os pais renova os conhecimentos, amplia os horizontes e instiga a estudar e a pesquisar.

A aprendizagem se concretiza na ação! Uma pequena frase, uma peça de teatro interessante, já pode mobilizar o adolescente para uma questão importante, para filosofar sobre a vida. Uma obra de arte pode tocar o coração dele e deixá-lo sensível e preparado para estudar história, por exemplo.

Essa ideia, para ele, principalmente se for adolescente, pode vir cheia de críticas. Mas insista, tente várias vezes, converse sobre o que foi aprendido. Garanto que ele comentará com os colegas da escola o local que visitou. Futuramente, ele se lembrará desses passeios com felicidade e vai agradecer a você, pode ter certeza.

Sei que não é fácil para os pais, que têm uma rotina diária estressante, sair no fim de semana, enquanto querem descansar. É uma questão de colocar na agenda e planejar. Afinal, não encontramos tempo para ir ao shopping?

Gerenciamento do tempo e produtividade

Volto a esse tema, pois é imprescindível para o sucesso de todos nós!

Caso seu filho não tenha o hábito de estudar diariamente, será necessário seu acompanhamento, e você poderá realizá-lo, mesmo distante.

Todos nós conhecemos verdadeiros ladrões do tempo: internet, orkut, e-mails, interrupções. Você será o treinador do seu filho para superar essas dificuldades. Como?

Provavelmente você, trabalhando dentro ou fora de casa, já monitora seu filho. Liga e questiona sobre suas tarefas. Ok! Correto! Mas pode formular a pergunta de forma errada. Por exemplo, você pode telefonar e perguntar: "E aí? Está estudando?" Quando elabora essa pergunta, você já pressupõe que ele possa "não estudar". Abrindo possibilidade de não estudar, ele pode corresponder. Seu filho pode responder *sim*, enquanto está assistindo à tevê.

Na verdade, é fundamental que você questione. "Qual capítulo você leu? Qual o título da matéria que acabou de estudar? Já anotou as dúvidas da matéria estudada para eu ver quando chegar em casa? Quais são as dúvidas? Já terminou o resumo? Quantas páginas de resumo você fez?" Esses são exemplos de perguntas que tiram a criança, ou adolescente, da passividade. Ela saberá que existe uma prestação de contas, que seus pais guardaram o horário de estudo combinado e sabem que é o dia de estudar geografia, por exemplo.

Sei que muitos podem pensar que essa pressão não é positiva, e volto a afirmar que, se a liberdade não tem funcionado, o ideal é monitorar o filho até que ele conquiste a autonomia. Você estará auxiliando no gerenciamento do tempo, até que ele consiga a disciplina. Estará mostrando que tem interesse por seu sucesso.

Um patrão pode apenas cobrar o resultado, sem auxiliar no processo, nos relatórios, pois caso o funcionário não produza, é demitido. Mas um pai não pode demitir seu filho. Precisa treiná-lo para a vida adulta.

A produtividade é proporcional ao gerenciamento do tempo. A criança pode se divertir quando não está na escola, mas também deve cumprir as tarefas propostas. Administrando seus horários, com o auxílio dos pais, ela se dedicará inteiramente a cada atividade. Não assistirá à tevê com a culpa de não ter estudado.

A adolescência é uma época na qual o corpo tem grande capacidade de produzir, de realizar tarefas. Portanto, não infantilize seu filho adolescente. Veja nele uma capacidade infinita! Os navios estão seguros nos portos, mas eles não foram construídos para ficarem ancorados. Certo?

E não é só gerenciar o tempo. Os filhos precisam aprender a lidar com dinheiro. Dar um "porquinho" para a criança juntar as moedas, abrir uma caderneta de poupança e indicar que seu filho deposite uma porcentagem da mesada também são estratégias bastante educativas. Fazer isso é ensinar a se preocupar, se preparar para o futuro. Ele precisa se preparar para ir bem nas provas, precisa dar valor ao que tem. Darei meu exemplo: comprei meu primeiro carro, um chevette 1993, que achava lindíssimo, juntando o dinheiro da minha mesada.

As grandes lições, muitas vezes, estão nos pequenos gestos!

As privações também podem ser necessárias!

Já ouvi muitos relatos interessantes. Certa vez, liguei para o pai de um estudante e perguntei: "Por que seu filho tem faltado à escola? Está doente?" O pai respondeu: "Não, é que ele tem jogado videogame até tarde e não consegue acordar cedo!" Esse menino é extremamente inteligente, mas fazia o que queria e, por faltar muito, foi reprovado. Outro pai disse: "Meu filho fica jogando no computador e não estuda! Não sei o que fazer." Ora, esse pai deveria desconectar o fio do computador. Sair dessa passividade.

Quando não correspondem, as crianças devem ser privadas das regalias. Elas podem até conseguir burlar isso, mas os pais deram o limite. Um pai pode dizer para uma menina de 11 anos "você não sairá maquiada". Se ela retirar a maquiagem do rosto e colocar novamente no shopping, ok. Até faz parte da adolescência ir contra algumas regras que os pais impõem, mas ela retirou a maquiagem ao sair de casa porque ali foi estabelecida uma fronteira entre o que pode e o que não é permitido.

Tudo tem seu preço. A cada escolha, uma renúncia. O jovem não pode ganhar tudo. Se vai estudar, perderá a hora de lazer, mas gozará de férias enquanto alguns colegas ficarão para a recuperação.

Pergunte a seu filho o que ele acha da "balança da vida". Como ele tem interpretado as privações e os ganhos. Continuo afirmando que questionar, levá-lo a refletir, é o caminho do sucesso. Nós nos surpreendemos com as respostas.

DESENVOLVA O SUCESSO

Técnicas para o sucesso nos estudos

Após trabalhar a motivação nos estudos e a organização do tempo e espaço das tarefas, existem alguns itens para investigar e desenvolver:

✓ Aproveitamento em sala de aula: peça para ver as anotações feitas em sala de aula. Cobre insistentemente o uso da agenda. A agenda escolar é um recurso importante para examinar as atividades diárias.

✓ Processo de aprendizagem: seu filho lê e entende o que lê? Consegue interpretar as questões da prova? Cobre que ele faça gráficos e resumos que simbolizem o entendimento da matéria.

Além de tudo o que já foi citado, existem algumas dicas que você pode oferecer a seu filho. São ferramentas utilizadas por estudantes nota 10.

✓ *Associação de palavras*: sente ao lado de seu filho. Peça que ele pegue uma matéria que esteja estudando. Liste as principais palavras do texto. Peça que faça associações entre elas. Conforme vai lendo a lista, é possível que ele forme vínculos entre os fatos. Se for uma fórmula de física, ele pode associar letras às palavras. Ex.: A fórmula do calor – $Q = M.C.T.$ (Que MaCeTe). Reúna as palavras-chave para se lembrar posteriormente.

✓ *Imaginação dos fatos*: peça que a criança imagine os acontecimentos. Em biologia, peça que visualize os tipos de vegetais que estão sendo estudados; em história, que imagine a guerra cujas questões cairão na prova.

✓ *Memorização*: tudo o que estudamos tem de fazer sentido para ser memorizado. O estudante precisa reler os parágrafos até que aquilo faça sentido; então ele memorizará.

✓ *Converse sobre o que estudou*: incentive seu filho a falar sobre o que está estudando, o que gosta. Por que gosta. Sobre o que não gosta. Por que não gosta.

Insistência e consistência

Vamos falar a respeito desses dois ingredientes básicos quando nos referimos a convidar uma criança, ou adolescente, a desfrutar o prazer de estudar e aprender.

Na questão da insistência, ganha quem for mais teimoso. Gostar de estudar depende de ele conseguir reconhecer o objetivo do saber. Ele só reconhecerá isso pela prática da leitura e da elaboração de tarefas bem feitas. Para realizar uma tarefa com vontade e ter orgulho de assiná-la, é necessário ter disciplina e dedicação. Portanto, a teimosia dos pais é a insistência para a realização da prática de estudo, até que, um dia, por si próprio, o filho vai confrontar os interesses predominantes.

Filhos são teimosos porque, muitas vezes, têm desejos egoístas e querem concretizá-los a todo custo. Não o fazem por mal, ainda estão entendendo a vida. Com o passar dos anos, perceberão que os pais não podem ser gênios da lâmpada.

A consistência é reafirmar constantemente as filosofias da educação. Ou seja, "um dia pode" e no outro "não pode de jeito nenhum" é algo que confunde a cabeça das crianças. Em um dia resolvo que meu filho pode abandonar o horário de estudo para ir ao cinema, e no outro brigo para que mantenha a disciplina. Isso é incoerente!

As regras não podem oscilar, caso contrário deixam de ser consistentes. É plausível que os pais possam ter um dia estressante no trabalho e não queiram entrar em uma batalha ao chegar em casa. Quando isso ocorrer, não alivie as regras – estabeleça e direcione-se para o seu canto da paz dentro do lar. Mas não afrouxe os termos de responsabilidade de seu filho.

Comunique os erros para seu filho, e aponte também os acertos. Se possível, justifique suas decisões: "Não pode porque...", "Você deve fazer isso porque...". Deixe-o argumentar para que ele exercite a própria consistência dos pensamentos, mas não deixe que os argumentos infundados ganhem peso na conversa.

Discurso e ação precisam estar enlaçados, necessitam demonstrar um encadeamento de ideias para a tomada de determinada decisão.

Filhos são perspicazes e testam os pais e os professores o tempo todo. Se você consegue gerir esses conflitos e demonstrar, com calma e segurança, a sua razão, ele aprenderá a considerar os direitos e as necessidades dos outros e não conseguirá obter sucesso em burlar os próprios deveres.

É uma questão de aprender a adiar a gratificação. Até a nossa morte estamos aperfeiçoando a prática de fazer algo para que a recompensa venha posteriormente. Às vezes, é muito difícil o filho entender isso e conseguir evitar a discussão. Mas ainda sim, é melhor do que tapar os olhos.

Se, diante de sua insistência e suprema paciência, seu filho se descontrola, encaminhe-o ao quarto (ou outro local), faça-o pensar por alguns minutos de acordo com a idade que tiver (dependendo também do temperamento). Depois desse tempo, volte a dialogar. Mas faça isso depois que a situação estiver, de fato, mais tranquila.

O reconhecimento de sua preocupação e da consistência no que você diz nem sempre será demonstrado de imediato, mas certamente será apreciado quando seu filho começar a ter sucesso nas tarefas da vida.

A liderança dos pais para desenvolver o sucesso

Você é:

✓ Criador: põe em prática as ideias criativas e faz um marketing eficaz sobre estudo.

DESENVOLVA O SUCESSO

✓ Promotor: defende suas ideias e as práticas de estudo.

✓ Assessor: observa, analisa e oferece assessoria para seu filho.

✓ Organizador: arquiteta o ambiente e monitora a produção.

✓ Treinador: estimula, motiva e orienta.

capítulo

Educar+ação

Educação vem do latim "educatione". É o ato ou efeito de educar; é o aperfeiçoamento das faculdades humanas; é instrução, ensino, cortesia.

Aprender a ensinar não é tarefa simples, nem se resolve com manual. Para Walter Franco: "Viver é afinar um instrumento de dentro para fora, de fora para dentro, a toda hora, a todo momento... tudo é uma questão de manter a mente quieta, a coluna ereta e o coração tranquilo."

Os pais, quando educam, também estão aprendendo. Mas eles são "facilitadores" do processo de aprendizagem dos filhos. Precisam mostrar-se seguros e não ser controlados por eles.

Pai e mãe não podem desautorizar um ao outro. É preciso examinar os assuntos não resolvidos dentro do ambiente familiar. O exercício de proferir frases conciliadoras é um bom método. É possível discordar, bem como dialogar sem entrar em um confronto. Para isso, devemos trabalhar a situação, não apontar críticas quanto à personalidade do outro.

Mas comece por você. A manutenção da ordem requer a arrumação da "bagunça interna" primeiro. Já vi muitos adolescentes resistirem à terapia e o pai, ou a mãe, se "reciclarem" para ajudar a criança. Isso funciona!

Ensinar exige que você aceite o novo. Portanto, para que seu filho assimile as novas regras, é necessário que você também as aceite.

Cada cultura tem suas particularidades e modos de educar. Na cultura judaica, por exemplo, o pai é responsável pela educação religiosa dos filhos. A partir dos 7 anos, eles começam a aprender os rituais religiosos.

Entre os ciganos, os pais ensinam aos meninos as técnicas de comércio – forma milenar de sobrevivência desse povo. Nós, diante da cultura do consumo, falamos pouco para as crianças sobre como lidar com o dinheiro. As escolas deveriam tratar mais a respeito de educação financeira. Com os débitos automáticos, não precisamos pedir para o adolescente ir ao banco pagar uma conta. Mas seria importante que ele observasse a dificuldade do dia a dia. Quando se passa o cartão de crédito, dá a impressão de uma facilidade de comprar que, na verdade, não existe.

Já o samurai considerava questão de honra ele próprio cuidar da educação dos filhos, com a indispensável ajuda da esposa. A educação que a criança recebia pelos pais tinha por finalidade moldar suas almas com os princípios da classe guerreira: lealdade e devoção ao senhor, coragem, autodisciplina e destemor da morte, para que assim seus filhos se tornassem dignos de seu nome. A partir dos 10 anos treinava-se muito a caligrafia, as matérias gerais e os exercícios físicos. A noite era reservada para a poesia e a música. A cerimônia do *gempuku* ocorria aos 15 anos. A partir daí ele era considerado adulto.

Os colonos portugueses se impressionaram com a educação na tribo Tupinambá. A organização básica, a obediência às regras, a maneira natural com que as crianças indígenas eram educadas foram motivo de surpresa para os viajantes quando colocavam que "não dão os Tupinambás a seus filhos nenhum castigo nem os doutrinam nem os repreendem por coisa que façam". Não existem leis escritas, mas há o cumprimento delas.

Atualmente existem pesquisas que mostram que a mentalidade do jovem está sendo mais influenciada pela televisão e pelos amigos do que pelos pais. E a nossa cultura? Como moldamos os filhos? Quais os valores discutidos e exercitados na família? Há espaço no dia para esses valores serem trabalhados? E a espiritualidade? Como é a cultura familiar? Como as regras são transmitidas?

São muitas perguntas para que você reflita, repense os hábitos e as filosofias transmitidas no âmago da primeira organização social, que é a família.

A educação não é um assunto trivial. É por meio dela que o indivíduo começa a ter o exercício de lançar um olhar inteligente sobre si próprio e o mundo à sua volta. As novas gerações colocam tanta energia no meio externo que não praticam a autorreflexão.

O silêncio não é apreciado como antigamente, por exemplo, como no fim de tarde, no meio rural. Fugir do silêncio é atividade comum. Chegamos a nossa casa e logo ligamos a televisão e todos os aparelhos eletrônicos possíveis. Esquecemos de que saber parar é a essência do caminhar.

Há algum tempo precisávamos odiar um programa para levantarmos do sofá e mudarmos de canal. Atualmente, o *click* é constante. Não toleramos as frustrações, queremos saber de tudo a todo tempo. E nós? Reservamos um tempo para um diálogo interno? Por isso, estamos recorrendo às práticas orientais, que nos fazem usufruir do silêncio, treinar a escuta dos próprios pensamentos.

Educar também requer concentração em si próprio. Encontrar uma razão para as nossas escolhas e escolher com a nossa razão. Caso contrário, a criança crescerá contando com a sorte. Viverá sem conversar consigo própria. Não saberá usar a balança que existe em todo ser humano, que pondera, critica, pesa, vê os ganhos e as perdas antes de tomar uma atitude.

Portanto, não podemos apenas centrar nas matérias escolares. O modo como seu filho vai tratá-las depende de uma filosofia de vida que ele tem constituído até agora. Portanto, ele deve repensar a própria existência, os próprios valores. Para isso, precisa de uma ajuda. Alguém ao lado que inspire e catalise esse movimento de busca.

Firmar o compromisso consigo próprio e responsabilizar-se pelas escolhas são princípios educacionais fundamentais. A repercussão disso é o entendimento da necessidade da disciplina para adquirir conhecimento.

EDUCAR+AÇÃO

Vemos muitos jovens das classes média e alta se envolvendo em problemas com a lei. Isso porque não há regras internalizadas. Não há separação entre o correto e a transgressão. Essa separação é treinada. É a tal da balança interna. Quando o jovem, dentro de casa, faz o que quer ou as consequências de seus atos são atenuadas pelos pais, ele forma a ideia de que na sociedade ocorrerá o mesmo.

Portanto, devemos prestar atenção nas mensagens que passamos por meio de nossas ações. Por exemplo: uma mãe vai à feira de filhotes e compra um cachorrinho lindo! O cachorro começa a crescer e a dar trabalho, aí ela dá o bichinho. Que mensagem ela está ensinando ao filho? Ela está lhe mostrando que, diante das dificuldades, o correto é abondonar, se esquivar da responsabilidade. A posse irresponsável é comum e os pais devem ponderar antes de acolher uma vida. Esses são pequenos-grandes exemplos.

A educação não depende da verbalização dos ensinamentos, mas dos atos que são apresentados no cotidiano. A criança que cresce sem frustrações, sem dificuldades, que ganha tudo o que quer e não tem cobranças efetivas, vai demorar a entender que no mundo as pequenas coisas devem ser conquistadas com o próprio esforço. A criança que cresce em meio a críticas e desvalorização por parte dos pais pode se tornar extremamente insegura, pessimista.

Não existe uma única fórmula para educar, mas só há uma oportunidade. Existem instruções que você oferece uma vez e basta. Em outras situações você terá de ser incansável, cheio de criatividade, para que seu filho entenda o permitido e o não permitido.

Acostumamo-nos com o macarrão instantâneo, com a comida rapidamente pronta no micro-ondas, mas quando falamos em educação, a história é outra. Em nossa infância, escrevíamos a carta, saíamos de casa para colocá-la no correio e ela demorava a chegar. Hoje, ficamos impacientes quando o e-mail demora segundos para ser enviado. Ou seja, talvez sejamos tão intolerantes quanto nossos filhos. Ele quer estudar rápido, passar e ponto. E os adultos? Se quiserem uma fórmula mágica para educar, ela ainda não foi inventada. O que sei é que tudo que escrevo se resume em trabalho doce, árduo e muita paciência!

Cuidar ou educar?

O *Dicionário Houaiss* define essas palavras da seguinte forma: Cuidar = 1. fazer algo com atenção, 2. tomar conta (do outro ou de si mesmo), 3. prevenir-se; Educar = 1. dar educação, 2. ensinar, instruir, 3. aprimorar-se.

Quando falamos em cuidar, nos referimos a uma proteção física e emocional do filho, principalmente quando pensamos nos primeiros anos de vida. Nesta etapa, há uma simbiose. Os pais, muitas vezes, cuidam mais do bebê do que de si mesmos.

Devemos falar em cuidar já preparando para a autonomia. Aí entra a educação, pois constitui-se em levar a criança ou o

EDUCAR+AÇÃO

adolescente a agir por conta própria com sabedoria e inteligência emocional.

Portanto, cuidar e educar caminham juntos. Mas é importante salientar que existem alguns pais que cuidam, mas não educam; caem na confusão da superproteção. Quando educam, os pais, mesmo na ausência, estão presentes pois o filho já internalizou o certo e o errado, o que pode ou não fazer. Se uma criança já tem maturidade física e emocional para realizar uma tarefa, ela deve cumpri-la, caso contrário não estará recebendo em casa uma pedagogia da autonomia.

Se falamos sobre estudos, a criança ou o adolescente que demonstra displicência deve receber cuidados no sentido exato do dicionário quando define a palavra cuidar, ou seja, os pais devem ter atenção, tomar conta dessa situação. Como? Acompanhando o processo, incentivando principalmente por meio de novas ações, não palavras, e sendo exigentes. Paralelamente, devem educar, ou seja, oferecer instruções e condições para que elas se cumpram.

A proposta de educação para o planeta neste século XXI deve basear-se em quatro pilares:

✓ Aprender a conhecer.
✓ Aprender a fazer.
✓ Aprender a conviver.
✓ Aprender a ser.

Pautados nesses quatro itens, os pais têm uma boa visão de como se forma a educa+ação.

Certamente, todos se preocupam em não deixar faltar nada na geladeira para a criança. Mas será que se preocupam em destacar uma matéria de jornal interessante e discuti-la? Será que trabalham a mediação nos conflitos do lar para uma convivência pacífica? Será que desenvolvem o espírito de solidariedade e mostram a realidade para os filhos? Se fazem tudo isso e mais, de que forma é feito?

Muitas vezes pensamos que nossas ações não têm efeito. Mas a história do bambu simboliza perfeitamente a dificuldade dos pais diante do tema educação. O bambu, quando bem plantado, em solo fértil, bem regado, bem cuidado, demora aproximadamente cinco anos para sair da terra. A impressão que dá é que ele não está crescendo, mas depois de algum tempo lá está ele, com raízes firmes, com estrutura bela e em formação. Com educação também podemos ter a mesma impressão. Podemos dar atenção, cobrar diariamente os relatórios, os deveres de casa. Por algum tempo, pode parecer que a estratégia não tem efeito motivacional. O tempo passa, e em breve seu filho estará formado e agradecendo toda a disciplina dos pais durante essa época difícil.

Debatendo sobre...

Uma coisa é certa: adolescente é polêmico, gosta de debater; isso ocorre porque eles questionam o mundo para formarem a própria identidade.

Filhos podem fazer perguntas interessantes como: "Por que eu tenho de usar essa armadura metalizada nos dentes e não posso colocar uma pequenina argola como um *piercing*?" "Por que vocês me obrigam a estudar biologia uma tarde inteira trancado no quarto, mas não admitem que eu fique um minuto com minha namorada no quarto estudando anatomia?" E por aí vai...

No fundo eles estão estudando a vida, cheia de impedimentos. Em contrapartida, são muitos os impulsos. Alguns mais retraídos não gostam de falar sobre si, sobre o que está ocorrendo interna e emocionalmente. Outros querem dividir as angústias, contar o que aconteceu com eles durante o dia, ou a situação dos amigos. Aliás, os adolescentes usam muito as "situações dos amigos" para esclarecerem o que os pais pensam sobre assuntos que eles não têm coragem de abordar e que estão vivendo emocionalmente.

Discutir com um adolescente sobre eutanásia, pena de morte, aborto, é muito produtivo. Geralmente eles se sentem motivados a falar a respeito de questões éticas. Essa é uma forma de incentivar o gosto pela leitura, pois a partir de um debate com os pais eles podem se interessar em procurar informações. Portanto:

E AGORA, MEU FILHO NÃO GOSTA DE ESTUDAR!

✓ Utilize uma reportagem assistida na tevê para iniciar um assunto.
✓ Escolha um trecho empolgante de um livro ou uma matéria de jornal para ler junto a seu filho.
✓ Recite um poema para ele (talvez não demonstre, mas, por dentro, certamente – vai se emocionar; afinal, quem não gostaria de ter seu ouvido massageado por belas palavras?).

Pais negligentes não são aqueles que saem de casa cedo e voltam tarde. São os que nada exigem dos filhos (permissividade exagerada) e não enxergam a essência, a pessoa que há dentro daquele ser em formação.

Utilize os assuntos da preferência da criança, ou adolescente, para conversar. Pesquise seu filho, do que ele gosta e o que ele tem prazer de colocar em pauta nas conversas.

Juízo, filho!

O *Dicionário Houaiss* explica a palavra juízo como: "1. equilíbrio, sensatez, 2. avaliação, parecer, 3. mente, pensamento, 4. juizado."

A concepção de juízo depende da conversa interna que o indivíduo tem consigo mesmo. Por meio dos debates, de um diálogo sóbrio e frequente, seu filho vai organizando os pensamentos para o horizonte da produtividade.

EDUCAR+AÇÃO

Quando você abre espaço para a expressão de ideias, e por meio de perguntas estimula que seu filho reflita sobre o que diz, está ajudando-o a exercitar seu juízo sobre as coisas.

Equilíbrio é uma palavra de grande peso quando falamos em educação. A interação humana é tão grande que dois seres dialogando durante meia hora passam a apresentar frequência cardíaca e respiratória semelhante. Os corpos se comunicam; portanto, um ambiente equilibrado favorece a aprendizagem de seu filho.

Ou seja, o juízo de seu filho vai depender muito do tipo de conversa que ele aprendeu a ter consigo mesmo.

Fazer pensar!

Todo ser humano é fruto das próprias escolhas. Mas elas se baseiam em quê? Ensinar o filho a fazer autorreflexão é orientá-lo para realizar escolhas positivas.

Quem sou eu? Pergunta difícil de responder, mas completamente necessária. Se você perguntar para um adolescente quais são suas habilidades, ele pode até responder "comer, dormir...". Pois é! Na verdade, muitas vezes é isso realmente que ele sabe fazer com prazer. Portanto, ele precisa pensar melhor a respeito de si próprio e do que pode vir a ser. Peça ao adolescente que liste dez habilidades que possui. Não é uma tarefa simples, mas precisa ser realizada periodicamente, pois sabendo quem somos e as habilidades que estão dentro de nós, é possível aprimorá-las; afinal, ninguém nasce com a genialidade de Leonardo Da Vinci.

Pais em recuperação?

Alguns estudantes despertam o olhar e a preocupação dos professores, seja por indisciplina, por desmotivação ou por um retraimento excessivo. Então, os pais recebem um bilhete ou um telefonema da escola para uma reunião com a orientação a coordenação. Eles ficam tristes e extremamente envergonhados. Sentem que eles mesmos estão sendo reprovados e que não são bons educadores.

Se os pais ficam na defensiva e compram briga com o colégio, não vão ajudar os professores, nem o filho, nem a si mesmos.

Quando profissionais alertam os pais para um problema de aprendizagem do estudante, estão sinalizando um cuidado, uma atenção, e tentando formar um contrato de parceira. Portanto, os pais devem entender que o objetivo é apenas um: o sucesso acadêmico da criança.

capítulo 11

A criatividade

Ação gera inspiração, mas nem sempre o contrário acontece. Nos ensinam a esperar a inspiração para começar a trabalhar. Isso é um erro!!! Nós devemos ter automotivação.

Há bem pouco tempo as crianças precisavam fabricar seus brinquedos. Na fazenda, na cidade, não havia muitas opções. Então, objetos achados eram moldados pelas mãos de uma criança sonhadora, viravam carrinhos e bonecas. Atualmente, os brinquedos estão prontos. Tudo o que podemos imaginar, e o que nunca imaginamos, está na prateleira das mais variadas lojas dos shoppings. "Mãe, eu quero!" E lá vão os pais, evitando aquela birra e o desgaste de não agradar. Nem sempre dizem sim, mas sempre que possível, atendem.

A questão é que a criatividade que usávamos como ferramenta para o entretenimento foi substituída por princesas e heróis perfeitos, por brinquedos motorizados, bonecas que choram, mamam e fazem xixi. Como essa criatividade pode ser treinada, então?

Primeiramente, temos de dizer que essa é uma virtude de todos os seres humanos. A criatividade está na fala, numa atitude ou resposta inteligente do filho, que acaba surpreendendo os pais. Já tive pacientes que sofreram lobotomia e tinham atitudes muito criativas. Portanto, a questão é saber valorizar essa característica.

Vou contar dois casos que ocorreram dentro de escola. Certa vez, um grupo tinha de apresentar uma maquete. No dia estabelecido para a entrega do projeto, ele não estava terminado. Então os estudantes colocaram uma placa: "Em obras!" A professora que contou esse caso valorizou a estratégia daqueles jovens. Afinal, a ideia foi inteligente. Assim como a de outro grupo, que deveria apresentar um trabalho de filosofia a respeito de um tema relacionado à adolescência. Eles não haviam feito a pesquisa. No dia, falaram que iam dissertar sobre a irresponsabilidade na adolescência, e o fato de não terem feito o trabalho já se tratava de um exemplo do tema.

Todo ser humano é criativo, em maior ou menor grau. No processo educacional, precisamos detectar em que momentos a criatividade se apresenta e mostrar isso para o educando. Se seu filho foge dos desafios, isso é um obstáculo para a criatividade. Se você resiste em ir a novos lugares nos quais você e seu filho possam aprender coisas novas, também não está valorizando experiências enriquecedoras.

A CRIATIVIDADE

Quando você abre espaço para seu filho produzir, o está ajudando a treinar a própria criatividade. Temos visto vários adolescentes escrevendo em blogs ou escrevendo livros. Se você sugere que ele escreva sobre os conflitos, alegrias ou dores emocionais, seu filho pode até não registrar isso no papel, mas entrará numa fase de incubação das ideias. Ele pensará sobre isso. É um processo inconsciente. Existem meninas que adoram escrever contos. Às vezes, basta um pequeno estímulo dos pais, na hora certa, permeado com elogios, para a semente se desenvolver.

"Não é porque da sua janela você enxerga até o horizonte, que o mundo não continua depois dele." Essa frase é perfeita para os pais que já estão cansados de exigir dos filhos, sem que eles respondam prontamente. Se você enxerga o potencial infinito de seu filho, mas ele próprio ainda não se deu conta da fertilidade da própria mente, comece você a ter criatividade para conquistar o objetivo de cativá-lo.

Costumo dizer que, nos dias atuais, fazer um jovem ter motivação para estudar é como vender pente para um careca. Temos de criar atividades que facilitem a consciência do prazer de saber. Por exemplo, você pode ter conversas sérias no dia a dia com seu filho, mas também pode conversar por meio do lúdico. Sentar no chão da sala e brincar com jogos de conhecimentos gerais, ou você mesmo criar com cartolina perguntas que facilitem a autorreflexão sobre temas importantes para discutir.

* * *

A exigência de sermos criativos tem crescido. Isso porque para conquistar um emprego é muito mais difícil; a concorrência é maior. Antigamente, nas palestras eu orientava os adolescentes que estavam entrando no mercado de trabalho para que mandassem o currículo em uma folha colorida, pois ele se destacaria na pilha de currículos do RH das empresas. Entretanto, todos os candidatos começaram a fazer isso. E então? O que você pode fazer de inovador para conquistar um espaço no mercado de trabalho? Nesse momento, entra a criatividade. Ela precisa estar em ação e ser treinada.

Talvez seu filho esteja longe da época de procurar um emprego, mas seu trabalho começa agora, exercitando o pensamento crítico dele. Ao ouvir uma resposta "desajeitada" em um diálogo entre vocês, em vez de consertá-la você pode perguntar: "Que outras respostas você poderia me oferecer para essa questão?"

Estimular a criatividade pode ser uma questão de formular novas perguntas. Começar a dizer para o seu filho: "E se...?" Ele pode ser muito criativo para explicar a própria inércia, não é verdade? Pensa em várias respostas para justificar a passividade diante do estudo. Se ele faz tudo igual, terá sempre os mesmos resultados. Portanto, ações diferentes na dinâmica familiar estimularão soluções criativas para esse problema. Precisa começar pelos pais. Se eles pensam e agem diferente, o filho demonstrará uma resposta diferente.

As empresas têm utilizado o recurso do *brainstorming* para solucionar problemas ou para criar novos rumos para um projeto, por exemplo. Utilize essa ferramenta em casa também.

A CRIATIVIDADE

Brainstorming significa tempestade de ideias. Esta é uma opção para treinar a criatividade ou para, diante de uma questão no cenário do lar, estabelecer as possíveis soluções. Sugira que seu filho faça um *brainstorming* e elabore uma lista dos prós e contras de suas atitudes. A autoavaliação é fundamental em um processo de mudança positiva.

Lembre-se de que a censura às respostas prontas atrofia a imaginação do seu filho. Encoraje-o a observar, analisar as coisas simples do cotidiano, e relacione-se criativamente com ele. Pergunte em que horário do dia ele praticará a "neuróbica", ou seja, a ginástica aeróbica dos neurônios.

Alguns professores me procuram desanimados porque quando falam sobre determinado tema, os adolescentes parecem não ouvir. Eu pergunto: "Você adaptou o tema para a mentalidade do adolescente?" É claro que eles já ouviram, mas muitas vezes é preciso usar outro tipo de linguagem, a que toque o coração. Certa vez, exibi um vídeo chocante para falar sobre a relação entre álcool e irresponsabilidade no trânsito. O vídeo mostrava uma jovem desfigurada vítima da imprudência de outro motorista que havia se alcoolizado e dirigido. Os estudantes ficaram completamente impactados por aquela imagem e algumas semanas depois um deles mencionou: "Nunca mais entrei no carro sem colocar o cinto de segurança!" Portanto, existem métodos e estratégias para informar um jovem. Existem diálogos no pátio do colégio que são muito produtivos. A televisão não pode ser apenas alvo de críticas, é possível usá-la a favor dos educadores.

E AGORA, MEU FILHO NÃO GOSTA DE ESTUDAR!

Para alimentar o potencial criativo de seu filho você deve ser exigente e paralelamente oferecer reconhecimento aos pequenos passos que ele dá em direção a determinada tarefa de sucesso. Elevar a autoestima, nesse caso, é fundamental para que ele sinta que suas ideias têm grande valor.

Na infância, a criança está começando a formar seu ego, sua personalidade. Os pais são grandes ídolos. Na adolescência, o jovem precisa viver o luto do corpo infantil e dos pais perfeitos. Questionam as regras. Precisam se reinventar, formar a própria identidade. Mas isso, muitas vezes, cria uma grande confusão. Nessa etapa, eles podem questionar a importância dos estudos, da disciplina, e os pais precisam compreendê-los e prepará-los para a vida adulta.

Pessoas criativas são muitas vezes rotuladas de loucas e isso, talvez, tenha algum fundamento científico. A relação entre genialidade e loucura já foi, e é, muito discutida. Quem poderia imaginar que seria possível voar? E que a televisão pudesse tornar-se uma realidade? E o telefone? Pois é! Por não acharem que fosse impossível, os gênios criaram essas máquinas maravilhosas.

Seu filho pode ter cinquenta ideias durante o dia, mas algumas têm chances de ser realmente boas. Podem ser nutridas pela mente e evoluir. Ele precisa ter um filtro para decidir sobre o que é relevante pensar e repensar e o que não é. Genialidade e facilidade de aprender são conceitos conectados de forma errônea. Crianças e adolescentes inteligentes têm muito trabalho. É por isso que um talento não trabalhado é um talento

144

A CRIATIVIDADE

desperdiçado. Já ouvi muitos estudantes falarem: "Ah, mas ele é inteligente, é um CDF, por isso só tira dez!" Existe um mito de que para essas pessoas a aprendizagem se estabelece com facilidade, mas não é assim que ocorre.

O cenário social da vida humana altera-se em ritmo acelerado. Portanto, tenha certeza de que você pode ajudar seu filho no aspecto da criatividade, conduzindo-o a aprimorar a capacidade de interpretação dos fatos. Questione-o sobre o que pensa, por que pensa, auxilie a fazer outras interpretações. As influências ambientais ricas em estímulos e ações vivenciais são o caminho para o desenvolvimento da capacidade criativa.

Pais criativos

Os pais também precisam recorrer ao próprio acervo de ideias. Ou seja, pode ser menos cansativo ter uma nova ideia para florescer a vontade de estudar de seu filho do que retomar os demorados discursos que ele já sabe de cor.

A crítica dos pais corta o fluxo da criatividade dos filhos. A crítica deve ser inteligente; ela deve promover um novo arranjo de ideias. Ele já tem uma conexão bem formada: estudar = chatice, dificuldade. Para quebrar essa correlação, esse sentimento, é necessário que ele perceba um prazer que justifique o trabalho mental.

Criar também é ter inteligência para simular uma situação. Coloque-se no lugar de seu filho. O que seria capaz de motivá-lo a agir? Por que deixaria as horas de ociosidade, brincadeira, bate-papo, internet, para abrir um livro?

Lembre-se de sua criatividade para convencê-lo a comer a papinha quando ele era bebê. Você estimulava uma energia que, muitas vezes, não tinha para vender esta ideia. Portanto, use as viagens de carro para estudar mapas e geografia. Peça que seu filho ajude nas idas ao supermercado, pois é uma oportunidade para comparar preços e falar sobre as táticas de marketing. São muitas as formas para interpretar a vida e falar sobre estudo de forma criativa.

Para isso, você deve estabelecer responsabilidades. O divertimento em família deve ser uma prioridade, pois nesses momentos muitos assuntos interessantes podem ser discutidos, e o vínculo com seu filho vai se firmar. Portanto, dê a ele um dia especial, um verão especial, um cardápio especial, uma tarefa especial... vocês podem compartilhar muitas atividades especiais.

Lembre-se de que todos os dias são apropriados para incentivar seu filho. Ajude-o a acreditar em si mesmo. Olhe para ele como um vencedor. Todos nós nascemos depois de termos vencido uma grande competição. No meio de milhões de espermatozoides, nos desenvolvemos, não é verdade?

Dois "Ps" são necessários neste processo: Paciência e Perseverança! Seja criativo para cativá-lo, mas não deixe de exercer a autoridade!

A CRIATIVIDADE

C R I $ E ⟶ CRIE!

PAZ CIÊNCIA ⟶ PACIÊNCIA

A paciência é uma grande virtude. Desmembrar essa palavra em *paz ciência* é colocar um significado positivo para refletirmos.

Quando os pais têm consciência de que cada regra tem um porquê e há um embasamento para as respostas que oferecem aos filhos, eles transmitem segurança. Um tom de voz tranquilo e contornado de seriedade comunica aos filhos a noção do poder que os pais exercem. Portanto, tenha ciência de que suas atitudes têm um objetivo: abrir os olhos de seu filho para os mundos interior e exterior. Assim, você tomará as decisões mais sábias e transmitirá ensinamentos que formarão uma bagagem invisível a qual seu filho levará pela vida inteira.

capítulo

Os perigos da desmotivação

Não é muito difícil entender os jovens. Lembre-se de sua adolescência. Eles passam do amor para o ódio e para o amor novamente em minutos. Batem portas, irritam-se quando recebem um sonoro "Não!", sofrem sem medida por amor.

A adolescência é definida como a fase de transição entre a infância e a idade adulta, uma passagem que pode durar até dez anos (dez aos vinte anos), dependendo do indivíduo, de seu ambiente social, escolar e familiar. A puberdade refere-se a um conjunto de modificações biológicas que vão resultar em capacidade reprodutora. A ação dos hormônios, que são os "mensageiros químicos", pode explicar o temperamento instável nessa etapa.

A medicina explica que os lobos frontais, área responsável pelo autocontrole e pelo senso de organização e de planejamento, estão em formação nessa época. O sistema límbico, centro de processamento das emoções, como a raiva, trabalha de forma exuberante. No adulto, essa área funciona de forma mais comedida. Na adolescência, o cérebro desenvolve a capacidade de planejar, organizar, controlar as emoções, entender os outros, fazer julgamentos e até decifrar a lógica matemática.

Os pais precisam entender que os hormônios estão em ebulição e a mente está voltada para esses conflitos, típicos da idade. Entretanto, a cabeça dos adolescentes está voltada para novos conhecimentos. Se novas ideias, novas sugestões forem bem apresentadas, isso pode ser muito positivo para cativar o interesse do jovem.

Algumas oscilações de humor são explicadas por essas alterações cerebrais. Mas quebrar objetos, roubar e frequentemente manifestar indisciplina na escola ultrapassam a tolerância dessas mudanças de humor. E isso deve ser avaliado. Quando o fato de não gostar de estudar estiver acompanhado de problemas referentes a excesso de rebeldia, os pais precisarão ter uma preocupação maior.

A droga é um veneno que ameaça o mundo e eu não poderia deixar de fazer esse alarme. Atualmente são várias as portas de acesso. Apesar de a comunicação ser, muitas vezes, complicada, estudos mostram que os filhos gostariam que os pais dialogassem mais com eles. Os pais não podem consentir as "mentiras inocentes" como: "já estudei hoje" (quando o jovem não tem nenhuma anotação). Isso pode levar a "mentiras maiores".

OS PERIGOS DA DESMOTIVAÇÃO

O jovem que tem baixa tolerância à frustração só quer recorrer ao prazer. Quando tiver um sofrimento, em vez de falar sobre isso, pode anestesiar-se com o uso de drogas. Portanto, incentive seu filho a falar sobre os conflitos, discuta valores a partir de exemplos claros. Pergunte o que ele responderia para alguém que o animasse a matar aula. Pergunte o que ele acha de um personagem que se droga no filme que vocês estão assistindo. Pergunte o que ele sentiria se não tivesse a oportunidade de frequentar o colégio.

A rotina de bater papo com seu filho pode ajudá-lo, e muito. As gírias dele não devem sintetizar os argumentos. Quando um jovem não consegue nomear seus sentimentos, não é incentivado a falar e a trabalhar suas angústias, tem maior chance de se envolver com as drogas. Elas passam a ser um instrumento para se livrar da dor emocional não trabalhada, não compreendida.

Quanto mais um jovem lê, melhor ele se expressa, mais facilidade tem de trabalhar as emoções em uma conversa interna, na resolução dos próprios conflitos. Uma sugestão para os pais é ler uma matéria de jornal que aborde temas relevantes, que fale de um jovem que conseguiu um prêmio pelo esforço por meio dos estudos, ou que exprima a situação triste de um jovem envolvido com substâncias ilícitas. Ler junto de seu filho pode incentivar o diálogo e o hábito da leitura, tão importante nos dias atuais.

Já atendi muitos adolescentes que endereçam o uso das drogas a alguém da família. Vou me expressar melhor. Esse uso passa a ser um grito por atenção, ou algum limite. É comum a própria escola sinalizar esse envolvimento do estudante com as drogas, pois os pais estão tão envolvidos nos próprios compromissos que não conseguem perceber que o filho está se distanciando.

Cuide para que a desmotivação nos estudos não seja uma ponte para "más companhias". Faça seu filho se envolver com tarefas positivas e construtivas, sempre!

Sempre bom ou sempre difícil?

É fundamental avaliar se seu filho era um bom estudante, se esforçava e recebia elogio dos professores até certo instante da vida e, a partir daí, a motivação começou a ruir e ele passou a ser displicente e relutante. Caso isso tenha ocorrido, tente rever o período e o que estava rodeando a vida dele nessa etapa. Converse com ele sobre o assunto, mas pergunte pouco e ouça muito. Ele também precisa recordar essa época e entender o que se passou, ou seja, os fatores que conseguiram desviar seu interesse pelos estudos.

Todos nós temos uma reação a situações, tarefas etc. Algumas crianças possuem, desde pequenas, dificuldade para sentar e se concentrar numa atividade e carregam este traço da personalidade por muito tempo. Criou-se uma ideia, plenamente enraizada, de que não conseguem, em hipótese alguma, estudar. Isso pode ser desconstruído, aos poucos e com muito cuidado.

A criança e o adolescente precisam sentir-se seguros de que podem reverter esse quadro.

Ilusão de uma vida fácil

Essa é uma das causas frequentes que tenho observado para o desinteresse pelos estudos. A motivação é o princípio básico para qualquer ação. O estudante que não tem motivação e não se sente gratificado em aprender esquece rapidamente a matéria estudada. Ele pode até dizer: "Eu estudei, mas não aprendi nada!" É porque a energia mental dele estava em outra situação.

As coisas não são fáceis! Sei que muitos pais afirmam isso a seus filhos, mas, como eu disse anteriormente, se eles estão protegidos, não conseguem perceber quanto se ganha por uma hora de trabalho, ou as filas gigantescas pela busca de um emprego.

Na medida em que você explora o mundo por meio de fatos, imagens e diálogo com seu filho, ele começa realmente a entender que conquistar objetivos exige trabalho. Vou dar um exemplo. Certo dia, exibi um vídeo de três minutos sobre a África para os estudantes. Na aula seguinte um deles se aproximou e disse: "Depois de assistir ao vídeo e ver que existem crianças famintas e pobres no mundo, nunca mais reclamei do almoço que recebo quando chego na minha casa!" Ou seja, muitas vezes o jovem reclama, mas não conhece o mundo a sua volta.

É importante contar a história dos antepassados. A árvore genealógica da família. Muitos de nós somos descendentes de imigrantes. Nossos antepassados chegaram ao Brasil para fugir da guerra, ou tentarem melhores condições de vida. Uma jornada de vencedores, que conseguiram se estabelecer, apesar dos contratempos. Será que seu filho sabe disso? Será que ele reconhece que direcionar esforços é a chave para vencer?

Nenhum atleta se prepara no dia anterior da competição, não é mesmo? Grande parte dos jovens torce e vibra durante a Copa, ou durante as Olimpíadas. Pois é! Use esse exemplo para indicar a seu filho que deve existir uma força de vontade contínua para tirar notas boas. Se um atleta se dedicar apenas na véspera da competição, conseguirá a medalha? Claro que não! Mas veja também a família dos atletas. A torcida da mãe do Thiago Pereira durante cada braçada dele na piscina. Também não deve ser fácil para ela. Essa mãe acompanha o processo. Sofre, vibra, grita com emoção frases simples, mas belas, contornadas de incentivo. O que você acha disso?

Os atletas, tão admirados pelos jovens, treinam, cuidam da alimentação, planejam e se motivam diariamente. Imagine um nadador tendo de pular cedo na piscina gelada, num dia de inverno? É preciso muita motivação!

A desmotivação é perigosa, pois acomoda. Hoje, os colégios possuem vários recursos para o estudante passar de ano. E se ele passa na média, tudo bem. Mas não é bem assim no mercado de trabalho. As empresas não querem funcionários medianos, querem os melhores. Os estudantes são acomodados quando não têm sonhos, não vislumbram uma meta. Todos nós somos feitos de sonhos. Quem acharia graça em viver se não esperasse que o amanhã fosse melhor que o hoje?

Outro perigo da desmotivação em relação aos estudos é que a criança ou adolescente pode alimentar a cabeça com assuntos fúteis, uma verdadeira "diarreia mental". Quando seu filho está com algum mal-estar físico, você corre para o hospital com ele, não é verdade? Mas e quando ele sofre da conhecida preguicite? Ela se instala, reduz a capacidade de raciocínio, produz um efeito de não querer ir à escola, ou seja, atrapalha e muito. Essa "doença" é perigosa e precisa ser logo tratada para não deixar sequelas na vida adulta. Como eu já disse, a desmotivação de um filho pode se prolongar a ponto de ele se apropriar dos bens dos pais e não querer buscar, conquistar seu próprio lar com esforço e dedicação. Tornam-se verdadeiros "parasitas" em casa. O termo é forte, ele foi usado por uma paciente, mãe de um homem de 50 anos, ainda sustentado pelos pais.

Seu trabalho como grande mestre de seu filho é mostrar a ele que a *super-ação* é recompensada no futuro. Treinar a *super-ação* é ficar mais forte, é dar mais um passo, subir mais um degrau em direção ao objetivo.

Seu filho é um agente de mudança

Desde muito cedo os pais devem ensinar que o filho pode fazer a diferença no mundo. A vida não é um simples processo mecânico de levá-lo à escola, assistir à tevê juntos, sair no fim de semana... a vida é o que acontece dentro e fora de você, são os sentimentos e a energia que colocamos nas pequenas coisas que fazemos e que melhora o mundo.

Será que seu filho pensa que pode melhorar o mundo? Será que você pensa que pode melhorar o mundo? O ato de estudar é, no fundo, uma atitude frente ao mundo. O ato de estudar requer o questionamento dos autores, dos personagens dos livros. É a prática de pensar a melhor maneira de pensar certo.

O papel de bala jogado no chão, as horas no banho desperdiçando a água, jogar fora a comida, não reciclar, todos esses exemplos devem ser trabalhados no dia a dia. Algumas pessoas passaram pela história mundial e mudaram uma sociedade para o bem ou para o mal. Elas influenciaram uma nação inteira. Portanto, uma pessoa pode fazer a diferença.

Seu filho pode ter uma postura curiosa diante dos livros se perceber que não é alguém insignificante no mundo. Ele pode ser um agente de mudança positiva.

Você terá o papel de mediador desse conhecimento, dessa autopercepção do seu filho. Talvez ele sozinho não alcance o quanto é importante neste mundo. É um simples ato que faz a diferença. Soltar um balão pode incendiar uma floresta inteira, matar animais e poluir muito a atmosfera. Talvez você pense:

OS PERIGOS DA DESMOTIVAÇÃO

"Meu filho não solta balão!" Mas caso converse com ele sobre esses fatos, estará firmando a consciência da responsabilidade que uma pessoa tem dentro de uma sociedade.

Não se mede o estudo pelo número de páginas lidas. Você mede se seu filho está estudando conduzindo-o a exercitar o que foi lido, perguntando o que ele apreendeu a partir do texto, gratificando verbalmente as ideias que ele teve a partir de uma leitura e se ele fala corretamente.

Tenha firme em sua mente que você tem o direito de cobrar, tem o direito de ser exigente, pois está proporcionando educação. Todo estudante gostaria de se aprofundar em algum tema estudado. Incentive essa reflexão. Quais são os interesses predominantes do seu filho? O que ele pode fazer para ser um agente de mudança nesta sociedade cheia de desigualdades?

Elimine a ingenuidade de seu filho de achar que ele é um mero espectador dessa realidade!

capítulo

As regras básicas de convivência

Já trabalhei com adolescentes que ditavam as regras em casa. Já lidei com pais que foram agredidos pelos filhos e, diariamente, me deparo com jovens que desconhecem ou preferem desconhecer as regras básicas de convivência.

Os costumes existentes no próprio lar se estendem nos outros ambientes frequentados por seu filho. Portanto, as regras de convivência, quando bem trabalhadas, exercitam a empatia. O outro é um espelho. É comum observarmos que pessoas que se relacionam bem com os outros também se relacionam bem consigo mesmas.

Os estudantes mais dedicados com os quais convivi eram os que melhor se portavam.

Sete e meia da manhã, portão da escola aberto para a entrada dos estudantes. A maior parte passa pelo porteiro, pelos funcionários, pela professora sem dar um simples "bom dia!". Sempre fiz questão de olhar bem nos olhos de cada adolescente e cumprimentá-lo, sem arrogância, mas com carinho. Depois de algum tempo, bastavam me ver e já emitiam "bom dia!" e, muitas vezes, eu também ganhava um sorriso. Que felicidade!

"Por favor!", "com licença", "obrigado". não podem ser expressões abolidas no vocabulário dos jovens. Elas são treinadas, é uma questão de costume. Quando eu era pequena, era proibido dormir sem dar boa noite. Eu poderia achar isso um saco, na época, mas atualmente vejo que a educação está nos pequenos gestos, nas poucas palavras. São convenções sociais que teremos de carregar para termos um bom relacionamento interpessoal.

Um teste simples: coloque duas vendedoras na porta de uma loja. Uma com a cara amarrada, braços cruzados, postura de quem está com má vontade. Outra sorridente, postura mais descontraída. De qual o cliente vai se aproximar? Claro que você já sabe a resposta. Pessoas que tratam as outras com cortesia são um ímã, atraem os demais.

Você pode me perguntar: "O que isso tem a ver com gostar de estudar?" Ora, pessoas com problemas de relacionamento interpessoal muitas vezes não conseguem se concentrar nos estudos. Mesmo quando adulto, se você está com um problema com alguém de sua empresa, sua produtividade pode cair. Você estará jogando sua energia no conflito. Imagine um adolescente.

No dia a dia, ensine seu filho a cumprimentar as pessoas que estão à sua volta. Você pode cobrar esse tipo de comporta-

AS REGRAS BÁSICAS DE CONVIVÊNCIA

mento dele. Entretanto, ele pode precisar de momentos de isolamento, e estes também devem ser respeitados.

Se o pai permitir ser desafiado pelo filho constantemente, o filho também desafiará o professor e terá problemas no colégio. Portanto, não seja tolerante com o desrespeito às regras. O mundo fora de casa não será. Seu filho pode se envolver em brigas, e isso certamente será perigoso para ele, especialmente na sociedade violenta em que vivemos.

"Gentileza gera gentileza", disse o profeta. A harmonia na convivência social depende do que é ensinado dentro de casa. A criança "mal-educada" pode sofrer sucessivas rejeições. Certa vez, ouvi uma pediatra contar que não quis mais atender uma criança, pois ela não ficava quieta dentro do consultório, quebrava objetos, subia em tudo, e a mãe não conseguia impor limites. Se a criança não consegue conter seu corpo, pode ter dificuldade de aprender, e resistir aos estudos. Vejo que, comumente, essa criança chega ao consultório com diagnóstico de hiperatividade. Mas de imediato, estabeleço as regras. Ela sabe que não pode fazer tudo o que quer, começa a ficar mais calma e os pais nem acreditam.

Pais que colocam a criança em uma fôrma – "Ah, ele se distrai com tudo. Tem déficit de atenção!" – não verão evolução na criança, pois já estabeleceram o que esperam dela. Não adianta dizer para a criança que ela não pode gritar, se você grita o tempo todo. Não adianta dizer que ela deve pedir desculpa quando erra, se você nunca soube se desculpar. Lembre-se: a criança aprende mais com o que vê do que com o que lhe é dito.

O celular ligado em lugares inapropriados para o uso, como o cinema, também é um comportamento que deve ser evitado. Existem pais que são supereducados e não cometem nenhum desses deslizes; entretanto, como passam muito tempo fora de casa, não transmitem esse exemplo. Porém, o mais importante é não temer orientar seu filho.

A intimidade não pode afetar as boas maneiras. Uma companhia prazerosa também depende de comportamentos adequados. Quando os comportamentos inadequados são relevados dentro de casa, eles se estendem ao grupo.

Uma família sem regras se torna uma família desorganizada. E, como já foi exposto, para estudar um jovem precisa de organização.

Uma família em que as regras são excessivamente rígidas pode inibir a criatividade da criança.

Portanto, para tudo é necessário equilíbrio. As normas do lar precisam ser claras, assim como no futebol. Além disso, é necessária a manutenção da ordem. Se você estabelece um horário de estudo, isso se torna uma regra. Se não é cumprida e não há nenhum ônus, sua palavra vai perdendo peso e valor.

O código de conduta é fundamental para o bom desenvolvimento psicológico. Em um ambiente no qual "pode-se tudo", não se estabelece a faculdade moral, ou seja, o atributo da mente humana capaz de distinguir e eleger entre o bem e o mal.

AS REGRAS BÁSICAS DE CONVIVÊNCIA

Valores e deveres

Os valores nascem da soma das experiências individuais e do grupo que formam padrões de condutas desejáveis. Uma vez constituído, esses valores são transmitidos do entorno ao indivíduo, por meio da família, da escola, da comunidade. Os valores têm o propósito de melhorar a sobrevivência da espécie.

Os valores do entorno social e cultural são introjetados e assimilados, e logo passam a fazer parte de si próprio, a converter-se em "seus valores".

O dever é a responsabilidade do indivíduo consigo mesmo e com a sociedade. Dever cumprido, direito adquirido! O não cumprimento do dever é, mais cedo ou mais tarde, percebido. Em tese, a pessoa que não cumpre o dever tem sentimentos de culpa. Apenas no caso do psicopata, falta-lhe o sentimento de culpa.

O autocuidado

A criança deve ser estimulada a ter autocuidado. Ela precisa respeitar as regras, mas também deve exigir respeito aos próprios valores.

O tema do autocuidado compreende preocupações com a saúde pessoal e da família, no sentido amplo do termo, envolvendo a procura por usos dos serviços de saúde, a adoção de comportamentos positivos com relação a seu próprio corpo, a seu relacionamento com os entes queridos e com relação à manutenção de sua sanidade física e mental.

Esse tema é muito abordado quando trabalhamos a questão da sexualidade com os adolescentes. Mas quando o jovem tem abertura para esclarecer suas dúvidas em casa, ele sente-se mais seguro.

Os tópicos citados levam a discussões amplas e aguçam a curiosidade necessária para fazer o jovem querer aprofundar seus conhecimentos.

Educação também é conduzir a criança a pensar por conta própria. Ou seja, inicialmente os pais são tradutores de uma conversa da criança consigo mesma. Ela vai apresentar um pensamento e os pais repetem de outra forma o que foi dito para que ela aprenda a se ouvir. Essa estratégia colabora muito com o aprimoramento da conversa interna.

Por exemplo, se seu filho tem facilidade de sofrer influências externas e tem muito medo de expressar as opiniões, em vez de começar um longo e sonoro discurso vocês podem repetir o que foi dito em forma de pergunta. Muitas vezes, a criança ou adolescente não está ouvindo as próprias palavras e precisa de um interlocutor.

Encorajar um filho a ter o autocuidado é uma questão de rever a forma de dialogar.

AS REGRAS BÁSICAS DE CONVIVÊNCIA

Como alcançar seu filho em uma conversa?

A base de qualquer relacionamento é o respeito. Portanto, a maneira pela qual os pais dialogam e discutem tudo isso influi nas concepções e no tratamento que o filho dispõe no seu meio social e dentro da família.

Atritos, divergências, desencontro de ideias, insatisfação de ter de cumprir responsabilidades, tudo isso ocorre no relacionamento entre os seres humanos e pode ser administrado se obedecermos a algumas regras. Uma delas é saber a hora de parar uma conversa. Mas como podemos saber qual é o momento de cortar aquele diálogo? Quando ele se torna improdutivo.

Filhos querem certas coisas e os pais outras. Pronto, estabeleceu-se um conflito. Nesse caso, não podemos atacar a personalidade do filho, esbravejando: "Você é irresponsável, inconsequente, burro." Mas, sim, falar sobre as atitudes e seus sentimentos em relação a elas. "Fico muito decepcionada ao saber que você não está cumprindo seus horários de estudo. Seu comportamento trará consequências sérias e as cobranças escolares se multiplicarão. O que você acha disso? Como pretende resolver sua situação?"

Quando se interpreta o fato clara e realisticamente, você passa a requerer uma contrapartida, sem ofender ou colocar seu filho engessado em uma posição. Não é que praga de mãe pegue, mas a profecia tende a cumprir-se quando se afirma que o filho é algo, pois ele tende a cristalizar-se no papel. Portanto, passe a bola para ele resolver! Ele vai fazer o gol, caso você não domine a bola ou retire-a do jogo.

Uma conversa pode ser hostil e assustadora e não resolver absolutamente nada, mas pode ser produtiva, quando você faz seu filho olhar também para o problema, junto a você.

Às vezes, os pais acabam esquecendo-se do diálogo e constroem um monólogo, criando uma resistência do filho numa próxima oportunidade de estabelecer a troca de ideias. Portanto, pense que seu objetivo é enviar uma mensagem que cause a reflexão do seu filho, e não uma catarse em si mesmo!

capítulo 14

Para que estudar isso?

É importante salientar que você precisará mostrar, de várias formas e a todo momento, que agregar conhecimento é necessário para viver.

Existem várias respostas para essa pergunta: "Meu filho, você estuda isso para fazer musculação nos neurônios, afinal seu cérebro está em formação. Você estuda isso para cumprir uma etapa fundamental na sua vida. Você estuda isso, pois pode precisar desses conhecimentos futuramente"

É possível determinar quatro fases dentro desse processo pelo qual seu filho está passando. A primeira é a da Incompetência Inconsciente. Ele fica ansioso, prefere esquecer-se da necessidade de estudar, acha que não pode aprender. A segunda é a da Incompetência Consciente, ou seja, quando você começar a exigir dele, ele se sentirá confuso, achará que é matéria demais e terá a sensação de que não está aprendendo. A terceira fase é a da Competência Consciente. Nesse momento, ele

E AGORA? MEU FILHO NÃO GOSTA DE ESTUDAR!

percebe que pode aprender, começa a colher os frutos das horas de estudo. Na próxima fase, que é a automática, pois já existe a autoconfiança, o estudante fica mais sereno e consegue cumprir as tarefas propostas.

Compartilhe com seu filho as quatro fases pelas quais ele deverá passar. Fale sobre persistência. Não minta dizendo que será fácil, pois estudar não é tarefa fácil. Mostre-se com disposição para ajudá-lo em todos esses momentos. E deixe claro que você quer muito ver resultados.

Estimule seu filho a ter um plano B, ou seja, a criar recursos para não desistir. Quando a desmotivação se instalar, o que ele pode dizer para si mesmo?

Uma questão boa para os estudantes: "Olhe para os colegas de turma, para os que são mais amigos, mais distantes, não importa. Responda-me: Se você tivesse que escolher um para fazer uma cirurgia necessária em você, mas só pudesse ser alguém da turma, quem seria?" Noventa e nove por cento dos estudantes respondem que escolheria o mais aplicado da turma. Pois é, as pessoas confiam na competência dos que se dedicam às atividades. Coloque esse exemplo para seu filho, faça-o pensar em como as pessoas se destacam e passam a ser dignas de confiança dos demais. Muitas vezes, os CDF'S sofrem do chamado *bullying*, ou seja, são discriminados. São vítimas de chacotas e essas reflexões incentivam o respeito mútuo. O combate à discriminação dentro das escolas é uma preocupação dos educadores em geral.

PARA QUE ESTUDAR ISSO?

Mostre a seu filho os cadernos antigos, aqueles nos quais ele cobria as linhas, os pontilhados, desenhava rabiscos, trabalhava as sílabas. Pois é! Na época ele poderia não entender por que realizava aquelas atividades. Todas elas o livraram do analfabetismo, ali se estava treinando a escrita, a coordenação motora, a percepção das palavras e a junção com os significados. Ele venceu essa etapa. Para isso estudou!

Existe a história do menino e a borboleta. Ele, vendo o imenso trabalho que a lagarta estava tendo para sair do casulo e virar borboleta, facilitou a vida do bichinho cortando e abrindo espaço para que ela saísse. Mas a lagarta não conseguiu virar borboleta saudável. Ela precisava daquele esforço para se desenvolver. Pulando essa etapa, ela tornou-se fraca, impotente. Assim somos nós, todas as barreiras são etapas necessárias para o crescimento.

Crianças e adolescentes precisam perceber que na escrita poderá estar toda a emoção e todos os conflitos que estão vivendo. Ela pode incluir seu desabafo, sua história e até sua rebeldia. O ato de escrever pode ser uma catarse. Catarse significa a liberação de emoções ou tensões reprimidas, ou seja, pode ser imensamente prazeroso. Tente mostrar isso para seu filho.

Algumas matérias podem divergir da carreira que o adolescente pretende seguir, mas é preciso obter um conhecimento básico de cada uma delas. Estudá-las pode ajudar a definir o caminho, a vocação, ou simplesmente enriquecer o conhecimento e nem sempre damos valor a isso no momento em que estamos estudando. Às vezes, só reconhecemos quando saímos do colégio.

Um dos objetivos da escola é ajudar a desenvolver o raciocínio, portanto, tudo é válido, gostando ou não. Nosso cérebro assimila conhecimento por meio da repetição, ou seja, quando se estuda algo que não gosta, também é um treinamento para a memória. Será que seu filho sabe sobre isso?

O famoso branco que pode ter na hora da prova é sinal de que ele acredita não saber o conteúdo; nesse caso, é preciso, além de cobrar a rotina de estudo, ajudá-lo a ter autoconfiança e a fazer um relaxamento antes de se submeter ao exame.

Na convivência, proferindo palavras que alimentam a alma, seu filho conseguirá entender a importância de estudar.

A educação da vontade é a mais indicada para a situação. A influência dos pais e professores deve ser maior do que a influência externa.

Conte as estrelas, não as pedras no caminho!

Michelângelo dizia que seu desafio não era fazer uma escultura, mas liberar o que já estava ali, aprisionado na pedra. É mais ou menos este raciocínio: liberar a vontade de saber um pouco adormecida em seu filho.

Depois de desenvolver novas práticas e uma pedagogia doméstica, a situação não será mais a mesma. Fica impresso um novo modo de pensar e agir, uma nova dinâmica que ensina a ser melhor, apesar das dificuldades. A resistência de seu filho e a pressa do cotidiano não são mais empecilhos, são degraus para alcançar outro rumo. É como o eixo e as rodas do carro; juntos, vocês começam a tomar outra direção.

Segundo Heráclito, "não conseguimos entrar no mesmo rio duas vezes!" Nada é da mesma forma que foi antes. Estamos sempre integrando uma nova informação, olhando um fato por outros ângulos, não é verdade.

Ensinar exige generosidade. Generosidade é bondade. É doar-se em prol de algo. Seja generoso! Doe tempo e energia para mediar a disciplina de seu filho.

Pense naquela festinha da escola de seu filho. Ele se recusou a se apresentar no evento, pois estava com vergonha, com medo de decepcionar. Ou então foi exibicionista, queria ser o melhor para que você se orgulhasse. Às vezes, os medos ou anseios infantis permanecem dentro de nós. Pode ser que tenhamos a reação de nos esquivar com medo do fracasso. A disponibilidade de escuta, de diálogo, deve ser construída na relação mãe/pai-filho. A tarefa mais importante do mundo não é a que você está fazendo, mas a que precisa ser feita!

Você já percebeu que as crianças repetem os resmungos dos pais? Portanto, você deve se policiar, caso reclame do trabalho e de suas tarefas.

Felicidade não é buscar diversão o tempo todo. Nós sabemos disso, mas as crianças precisam aprender a dosar as energias. Você só dará essa visão para seu filho se construir pontes onde existem barreiras. Se vocês se dão muito bem e é só a questão dos estudos que se estabelece como discórdia, melhor ainda. Construir essa ponte, por meio de sua generosidade, deve ser sua próxima meta!

Para aprender são necessários: estímulo, aptidão e vontade. Os três itens devem ser trabalhados. O hábito é uma base fundamental. Mas requer total atenção dos pais.

"Não faz mais do que a própria obrigação!"

O diálogo começa assim: "Mãe, olha! Tirei uma nota ótima!" E ela responde: "Não faz mais do que a sua obrigação!"

A mãe tem razão na sua afirmação, afinal é o que o filho deve fazer, ele tem a função de estudar. Portanto, obter um bom resultado é o objetivo. Mas se o filho tem resistência, se não sabe pra que estudar certas matérias, ele se sente mal quando leva a boa notícia e recebe essa frase, por mais que seja verdadeira.

O ser humano gosta de ter reconhecimento. Todos nós gostamos de receber elogios e ser congratulados quando damos uma boa notícia. Além disso, quando a criança corre contente para dizer que obteve sucesso, também tem interesse de dar felicidade aos pais. Nesse momento, eles ajudarão muito o filho se compartilharem a felicidade. Podem aproveitar a situação para reafirmar o que espera do filho e elogiá-lo. "Parabéns, filho! Você realmente é inteligente e tem potencial!

Espero que continue assim! Vai fazer bem pra você e me dar muito orgulho"

Os pais proferem frase sobre a obrigação na melhor das intenções, mas devem repensar essa atitude. O reforço positivo é uma grande ferramenta para que o filho continue obtendo boas notas!

As raízes da motivação

Existem as motivações interna e externa. A interna se refere a necessidades, aptidões, interesses e habilidades do indivíduo. Esses fatores fazem com que ele seja mais atraído por algumas tarefas e menos por outras. Os motivos externos são os estímulos e incentivos que o ambiente oferece, e é aí que os pais e educadores em geral têm seu papel.

A necessidade fisiológica é uma motivação básica (alimentação, sono, atividade física...). Mas o ser humano é influenciado também por forças conscientes e inconscientes. Portanto, é preciso desvendar quais são os motivos inconscientes que afastam seu filho dos estudos, pois eles existem.

Conforme amadurecemos, buscamos outras satisfações e sofisticamos os nossos interesses. Um deles é a necessidade de autorrealização, que significa o desenvolvimento do próprio potencial e a busca de novas metas.

A busca pela segurança também se estabelece quando o ser humano se empenha na autodefesa e na tranquilidade pessoal.

Além disso, como o homem é um ser social, ele também tem uma motivação, que é a busca pelo reconhecimento do grupo.

O jovem preza a aceitação do grupo de amigos. Ele tenta se enquadrar nas filosofias de sua "tribo". Tentar se socializar com um grupo de pessoas não tem nada de nocivo, desde que não se abdique dos próprios valores.

Para muitos grupos de adolescentes, quem estuda diariamente é *nerd*. É muito comum essa inversão de valores, estigmatizarem o *nerd* como um bobão. É nesse momento que entra a necessidade de autoconfiança, que é o conceito que o indivíduo tem de si mesmo. Na infância e adolescência há um trabalho intenso pela formação da autoimagem.

Você pode auxiliar nessa formação psicológica quando direciona recursos, questionamentos para a descoberta do seu filho sobre:

- ✓ Quem ele é?
- ✓ Aonde ele quer chegar?
- ✓ Por que ele quer esse caminho?
- ✓ Como ele quer chegar nesse objetivo?
- ✓ O que ele valoriza em si mesmo e nos outros?
- ✓ Se ele confia em si mesmo e quais são suas qualidades.
- ✓ Identificar quais pessoas o ajudam a crescer e melhorar, e quem o atrapalha.

A motivação para realizar algo depende muito do quanto a pessoa se sente capaz. Quanto maior a consciência dessa capacidade e a vontade de chegar ao objetivo, menos ela será atrapalhada por comentários desestimulantes.

O conhecimento da dificuldade dos desafios também ajuda a estabilizar a mente diante dos tropeços. Se seu filho sente-se despreparado, sem autoconfiança, achando que tudo é fácil ou difícil demais, as regras de estudo terão de ser trabalhadas paralelamente à motivação (que envolve todos estes fatores citados).

Nenhum comportamento de seu filho é aleatório. É motivado por alguma cadeia de ideias e conceitos. Portanto, todos têm forças ativas e impulsionadoras, basta acioná-las!

O rompimento com o passado...

Descobrir a si próprio é uma das mais difíceis tarefas do ser humano. Só descobrindo o eu interior e o eu social é que se entende a função de aprimorar conhecimentos.

A autoimagem do jovem é constantemente reavaliada por ele mesmo e, muitas vezes, crescer dói. Enquanto existe o autoengano de que no fim do ano tudo se resolve, ou poderá usufruir sempre do ninho dos pais, não se estabelecem uma meta pessoal e uma proposta de desafio para si mesmo.

Para romper com o passado é preciso abandonar ideias antigas que foram construídas, até mesmo com uma ajuda nociva involuntária dos pais. Essa reversibilidade de comportamento depende de uma nova orientação, novas cobranças internas e externas e a construção de outros conceitos.

Claro que estudar algo que não está de acordo com o tipo de inteligência do seu filho provavelmente será sempre chato para ele. E é preciso respeitar essa opinião, mas não aceitar o comportamento de repulsa a esse estudo. Percebe a diferença?

Quanto mais ele se envolver com a leitura dos temas de interesse, maior será a chance de ver a escola com os olhos da motivação.

Estudar exige...

...Recolhimento, concentração, autoestima, interesse, silêncio... nem sempre é fácil o jovem entender que esses pré-requisitos são necessários. Ele convive com uma tempestade de sentimentos, uma imensidão de informações, hormônios em ebulição, e fica difícil ouvir os próprios pensamentos.

Embora não seja simples, pois é fundamental ter autocontrole, o hábito torna muito mais automático o exercício de reflexão.

Portanto, ensine seu filho a ficar em silêncio, a ouvir os próprios pensamentos. Faça essa prática junto a ele periodicamente.

É comum chegarmos em casa e imediatamente ligarmos os aparelhos eletrônicos para não ouvirmos a voz interior, e transmitimos isso para as outras gerações como ensinamento.

PARA QUE ESTUDAR ISSO?

Isolar-se provisoriamente do mundo pode ser difícil, especialmente para o adolescente que gosta de conversar com os amigos, trocar ideias, fofocas etc., mas não é impossível.

Dizemos que os jovens "não gostam de estudar", ou estão desmotivados. A verdade é que se ensina o que estudar, mas não como e por que estudar. Portanto, é preciso pensar que estudar depende de atitude!

capítulo 15

Como você está?

Ao viajar, ouvimos a orientação da comissária: "Em caso de despressurização da cabine, máscaras cairão automaticamente à sua frente. Coloque primeiro a sua e só então auxilie quem estiver a seu lado."

Como você poderá motivar seu filho se você também se encontra sem motivação? Como poderá pedir para que ele administre o tempo, se você "não tem tempo" de ver o que ele está produzindo no colégio? Se quer orientá-lo, comece por você.

Faça uma análise de seu ritmo de vida e da qualidade do diálogo que você tem tido com seu filho. Se lhe faltar "oxigênio" para essa tarefa, você não poderá ajudar. Se continuar tendo as mesmas ações, terá sempre os mesmos resultados.

A manutenção da ordem também é manifestação do amor, portanto, não tenha medo de se indispor com seu filho. Sinta-se mestre. Sinta-se em paz com a linda tarefa de educar. Ela pode ser cansativa, pois requer repetição, esforço, mas os resultados virão – pode ter certeza.

Obediência também se aprende. Ou seja, quando você permite que ele não cumpra o que foi exigido, não confia na capacidade de fazer uma tarefa. Você está dando margem para a desobediência.

A segurança dos pais é fundamental nesse processo. A missão de incentivar para o prazer de estudar depende da firmeza, da escuta e da paciência dos pais.

As vibrações mentais positivas também levam ao sucesso. Se você cobrar as tarefas, mas disser: "Ah, eu já sabia que você não ia fazer mesmo", não estará reconhecendo o que ele pode ser. Coloque em relevo o potencial de seu filho! Reconheça, principalmente, sua competência em ensinar.

As melhores lembranças de sua infância devem ser dos momentos em que sentiu coisas intensas, muito mais do que dos brinquedos que ganhou. Reviva isso, aproximando-se de seu filho. Se você encarar tudo como obrigação, não terá motivação também. Quando for jogar com seu filho, divirta-se! Peça para ele contar-lhe uma história, para ajudar a lavar o carro e transforme isso em uma grande brincadeira. Essas estratégias podem ser terapêuticas, revigorantes e grandes oportunidades para estreitar os laços familiares.

É muito importante que você saiba se colocar no lugar de seu filho para poder compreendê-lo e livrá-lo do suicídio mental.

Jogue fora as culpas. Os pais têm direito de errar. Quem ama também erra. Se o estresse o consome, cuide de si mesmo, da

COMO VOCÊ ESTÁ?

saúde do corpo e da mente. O ritmo de vida acelerado pode impedi-lo de ver a flor no caminho, de sorrir para o seu filho e de dar um pequeno/grande gesto de carinho. Tome cuidado! Se você não tem tempo para cuidar da saúde, terá de arrumar algum para adoecer.

A autoestima dos pais pode estar comprometida quando eles se abalam diante de um "Eu te odeio!" que o filho diz, após receber um "Não!". Se seu filho tem um celular novo, não precisa de outro que acabou de ser lançado. Use a razão! O filho não deixa de amar quando recebe amor. E o amor não é dado por meio de objetos, principalmente quando o filho não demonstra se esforçar nos estudos.

O consumo por impulso precisa ser controlado, tanto pelos filhos quanto pelos pais. Informações sobre o orçamento doméstico também podem ser divididas com os adolescentes – isso amplia o senso de responsabilidade.

Existem crianças "problemáticas" que provocam significativo desgaste emocional nos pais. Entretanto, raramente um pai ou uma mãe diz que se arrependeu de ter tido filho. Portanto, é um amor que não se explica. Cresce e vive eternamente, apesar dos contratempos.

Ouça-se!

Ouça a sua voz interior. Acredite em seu poder materno ou paterno para compreender e ajudar seu filho a encontrar um ótimo caminho e um bom futuro.

Reflita a respeito das palavras e alternativas que tem tentado para solucionar a desmotivação de seu filho.

Converse bastante consigo mesmo todas as vezes que ele tentar fugir dos horários e das responsabilidades. Só depois tome uma atitude que valha a pena, e o faça retornar para a estrada do saber.

Ouça seu filho!

Alguns pais dizem: "Eu converso muito com meus filhos!" Alguns filhos dizem: "Meus pais falam sem parar quando vêm conversar comigo!" Quando os pais requisitam os filhos para sentar e resolver os assuntos pendentes inicia-se um verdadeiro monólogo. Fazem isso com a melhor das intenções. Entretanto, os adolescentes, principalmente, têm uma capacidade de desligar os ouvidos para o que eles acreditam ser verdadeiros "blá-blá-blás".

Os pais podem discursar sobre aspectos importantes, mas podem não acertar o alvo pretendido por não ouvirem os filhos. É preciso entender o que eles pensam, por que não têm a iniciativa de estudar, o que falta, o que sobra nos pensamentos deles. Enfim, é fundamental que os pais reconheçam a essência dos filhos. Quem eles são e quem querem ser de fato?

Além disso, quando se estimula a verbalização dos sentimentos, os pais estão aprimorando a capacidade de argumentação, a autoanálise e o olhar para si próprio que os filhos precisarão usar pela jornada da vida.

É surpreendente como os jovens podem não encontrar palavras para caracterizar o que sentem e o que pensam. Portanto, pergunte a respeito do cotidiano, das matérias estudadas, do que está acontecendo com os relacionamentos dele. Ajude-o a criar recursos para expressar as ideias e para encontrar em si mesmo as chaves do interesse pelos livros.

Gostar de estudar!

Você gosta de estudar tudo? Tem interesse por todos os assuntos?

Ninguém gosta de estudar tudo. Temos maior atenção por alguns temas, é claro. Não visitamos absolutamente todas as prateleiras das livrarias. Seu filho nunca será ávido a aprender tudo, pois há interesses predominantes. Na faculdade ele poderá se aprofundar no que realmente gosta, mas quando está nos ensinos fundamental e médio deve estudar também matérias que não cativam – essa é uma realidade.

Gostar de estudar é um presente que você dá a si próprio. Aprender sempre é o melhor caminho para construir a vida que

E AGORA, MEU FILHO NÃO GOSTA DE ESTUDAR!

sonha viver. Existem várias formas de mostrar esse ensinamento a seu filho e existem outros métodos que os pais podem criar.

Só lendo sobre assuntos que seduzem é que seu filho reconhecerá que a leitura não é desperdício de tempo. Só tendo o hábito diário de estudar e começando a entender a matéria, assim como obtendo bons resultados, é que seu filho identificará o prazer de estudar.

Você pode premiar seu filho por ter bons resultados, mas deve fazer isso com muita sutileza, porque o limite entre premiar e chantagear é muito tênue.

Alguns jovens acham o caminho do crescimento com mais facilidade; para outros o processo é mais demorado. Alguns pais podem ler este livro e aplicar estratégias que tenham efeito imediato; outros necessitarão de mais paciência e meditação. Não existe uma fórmula quando se trata de educação.

Se seu filho já pediu ajuda a você sobre esse assunto é porque não estudar o incomoda, portanto, no fundo ele deve gostar de estudar e gostaria de ser um estudante aplicado. Aliás, você deve ter reparado que durante a escrita do livro usei, a todo o momento, a palavra estudante, não aluno. *A-luno* significa aquele que é sem luz. Admite o jovem como passivo no processo ensino-aprendizagem. Entretanto, quando ele estuda, está ensinando para si mesmo. Se ele está estudando, é um estudante.

Não existe falta de capacidade, não existe falta de inteligência, nem burrice hereditária. Talvez seu filho esteja com

COMO VOCÊ ESTÁ?

medo de aprender e não se sinta capaz de saber e ter bons resultados. Talvez esteja acostumado com a ausência do hábito de estudar. Tudo isso tem solução, desde que haja confiança mútua nos bons resultados.

As barreiras emocionais que foram criadas podem ser fortes, mas não são impossíveis de ultrapassar. Existe razão nas emoções e elas precisam ser exploradas, detectadas. Como? Por meio do diálogo – sempre necessário entre pais e filhos.

Ler não é tarefa fácil. Exige mais esforço do que ver tevê, ouvir música ou pensar na vida. Qualquer leitura exige o domínio da língua e suas nuances, além de tempo e concentração, determinação e conhecimento sobre o tema (ou vontade para aprender e descobrir). Mas ler é o único jeito de se comunicar de igual para igual com o restante da humanidade.

As aulas devem começar com a apresentação de uma questão, assim vão cobiçar o estudante para a busca de respostas. As escolas devem rever as metodologias de ensino.

O convite para o aprendizado pode e deve ser feito permanentemente. Com o tempo, a busca pelo estudo será uma atividade natural e permeada de reconhecimento. Confie nisso!

Conclusão

O estudo com entusiasmo depende do interesse e do investimento que seu filho faz em si mesmo. Assim como não existe uma única causa que explique a desmotivação para estudar, também é verdade que não existe apenas uma forma de estimular os filhos para o desafio pessoal e para o prazer de conhecer o mundo.

Em todo ser humano há um universo de pensamentos para ser desvendado. A não ser em casos de depressão muito graves, todo indivíduo quer seguir algum caminho, quer descobrir algum mistério.

Muitas vezes não é apenas a ausência de força de vontade, é a desinformação sobre a metodologia de estudo, a falta de regras e um "não saber por onde começar".

Os pais precisam entender que exercem grande influência sobre o pensamento dos filhos. Esse poder depende de energia interior e predisposição para vencer o próprio desânimo na hora em que o filho esmorecer.

Além disso, o olhar dos pais é essencial no aprimoramento daquele novo ser. As vibrações mentais existem. Por exemplo, às vezes você pensa muito em alguém e esta pessoa, com quem já há algum tempo não se comunicava, telefona para você. Pois é! Existem canais de comunicação que desconhecemos. Seu filho faz uma leitura de você, realiza raios x de seus pensamentos. Portanto, pense se o que deseja dele é o que espera dele. Você pode desejar que ele tenha todo o sucesso nos estudos, entretanto, pode, inconscientemente, estar esperando que ele não realize as tarefas.

As interferências externas que desviam a atenção dos estudos são incontáveis. Em contrapartida, os pais precisam confiar que são modelos para os filhos. O mundo de atrações lá fora não precisa ser descartado, pois há tempo para tudo o que queremos e precisamos fazer. Portanto, ensinar administração do tempo é uma forma de aproximar seu filho dos estudos – depois ele vai começar a se simpatizar com alguns temas e querer se aprofundar neles.

Você pode e deve estar ao lado de seu filho, mas nunca fazer por ele. Jamais pedir para o professor "aliviar" em um trabalho, se seu filho tem sido displicente.

A escola não é o único lugar em que se aprende. Isso é fundamental que ele saiba. Se o conhecimento fica restrito às matérias escolares, seu filho pode não enxergar a beleza de aprender. Ou seja, a questão é: aprender a aprender. É o movimento de busca que dá prazer. Quando o indivíduo encontra as respostas, sente-se poderoso e começa a criar novas perguntas. Ser estu-

CONCLUSÃO

dante envolve uma atividade, enquanto ele se sentir passivo no processo será um mero reprodutor de ideias.

O sucesso depende mais da atitude do que da habilidade. Se você ajudar seu filho a treinar suas atitudes, terá mais chances de introduzi-lo ao mundo do conhecimento. Ele pode ser muito bom em raciocínio lógico e em matemática, mas se não praticar sua habilidade, não terá grandes resultados.

A prática de uma pedagogia doméstica também ensina a ter responsabilidade individual e com um coletivo. Existem jovens que não sabem descascar uma laranja, que não colaboram na manutenção da ordem do lar. São "pequenos reis". É fundamental que ele treine o espírito cooperativo.

O engajamento nos estudos depende de uma organização. Uma vez que ele tenha tempo organizado para cumprir suas tarefas e concentração necessária, vai seguir um ritmo de vida mais produtivo. Enquanto a televisão e a internet forem verdadeiras *babás*, a mente dele não estará sendo estimulada a pensar e questionar. Elas são extremamente úteis se houver administração do tempo. A própria MTV lançou uma propaganda. Em tela preta, mostrava a seguinte frases: "Desligue a TV e vá ler um livro!"

As crianças e adolescentes são perspicazes e questionam muitas coisas: "Não preciso estudar, o Presidente não estudou!" Eles questionam os modelos e os pais precisam ter respostas na ponta da língua, e, muitas vezes, devolver as perguntas e ajudá-lo a encontrar as próprias respostas.

Se falar com muita seriedade e não com muita agressão, ele compreenderá. Sua palavra precisa ter peso, seu olhar precisa ser tão expressivo a ponto de mostrar aprovação ou desaprovação. Seu incentivo depende das atitudes, dos passeios pedagógicos, do diálogo, da leitura em conjunto, do desvendar mistérios, de compartilhar informações e responsabilidades.

As crianças mimadas têm tudo pronto. O estudo é uma busca contínua, não está pronto. É preciso ter entrega, investigação. É necessário que se entre em contato com a alma do bebê pesquisador.

Apesar de não ter muito tempo para acompanhar tudo o que ocorre no dia a dia de seu filho, você pode perceber se ele estuda ou não pelas anotações, pelos resumos e pelas notas. O insucesso dele no colégio é um pedido de socorro, pois ninguém se sente feliz diante do fracasso.

Educar exige aceitação do novo, persistência, questionamentos constantes, e exige também muito desejo de formar mentes capazes de pensar por si próprias e de trocar ideias.

Procure investigar sempre o que seu filho já sabe e inicie por esse ponto. Dialogue e venda sua ideia. Às vezes, educar é como vender pente a um careca. É indispensável que se tenha poder de persuasão.

Educar é semear. O solo é fértil, mas é preciso plantar no momento certo, cuidar, monitorar a planta para ver se ela precisa de líquido, sol, ar, portanto, é obrigatório ter paciência. Ou seja, não se trata de transferir conhecimento, mas criar oportunidades para aquela criança produzir o próprio conhecimento. Até apertar um parafuso pode ser muito complicado se você não tiver a técnica e a ferramenta adequada. Portanto, dê de

CONCLUSÃO

presente para o seu filho a consciência da organização para aprender a ler e a estudar adequadamente.

Não é só entre os outros animais que existe uma seleção natural. Em meio aos seres humanos o mundo está cada vez mais competitivo. O vestibular, o primeiro emprego, os concursos públicos, tudo isso são formas de exigências para as quais seu filho precisa se preparar. Alguns concursos anulam uma questão correta para cada questão errada. Os obstáculos para conquistar um emprego são gigantescos, e manter-se empregado é mais difícil ainda. Então, como ele vai se preparar se há preguiça mental? Lembre-se: um bom atleta também precisa de um bom treinador!

Mostre para seu filho que ele é um agente transformador. Faça-o enxergar que a cada dia a vida lhe oferece uma página em branco e é ele quem escreve e tem a oportunidade de escolher se quer fazer algo produtivo. Ele não será alguém quando crescer; na verdade, ele já está sendo. Os adolescentes apostam suas fichas no amanhã. "Amanhã tudo se ajeita. Amanhã eu farei." Ele precisa compreender que a vida é uma construção. O amanhã e o hoje estão conectados.

Ajudá-lo a gostar de estudar depende da disponibilidade que você tem. Disponibilidade e tempo têm significados diferentes. É necessário que se faça uma ponte entre seu filho e o objeto de conhecimento. Felizmente, nos dias atuais, temos várias formas de acesso à informação, diferente dos séculos passados. Trata-se de um ponto muito positivo.

Em sua família costuma-se realizar passeios pedagógicos? Podem ser momentos contornados de aprendizado, conhecimentos aliados à união familiar, e isso faz crescer o prazer de estudar.

Você não pode obrigá-lo a ler um livro, mas pode aguçar a curiosidade. Aliás, existem vários adolescentes que jamais terminaram de ler uma história. A educação é uma tarefa que não se completa, afinal somos educados o tempo todo, nas nossas empresas, pelos guardas de trânsito, pelo médico etc. Há sempre uma oportunidade para aprender e seu filho também está ensinando-o a ser uma pessoa melhor e a não desistir dos desafios que a vida propõe.

Aproxime seu filho da janela para o mundo. Faça-o enxergar o que ele pode ser e o que está do lado de fora. Na verdade, educar é fazer sonhar! Em seu filho moram um sonhador e uma vontade de conquistar o mundo, mas também existem os medos, as angústias e os caprichos infantis.

Existe um sentimento muito grande de impotência dos pais cujos filhos são resistentes à atividade de estudar. Entretanto, há um canal de informações entre pais e filhos. Eles transmitem seus desejos, suas curiosidades nas pequenas frases do dia a dia. É preciso ter percepção aguçada e atenção para os sinais de interesse e para a direção do olhar de seu filho.

Expressando e orientando rumo ao sucesso, você tira seu filho da esteira da vida, onde se caminha, se caminha e não sai do mesmo lugar.

Desenvolva a filosofia do dever cumprido, direito adquirido. Às vezes, só aprendemos a gostar de certas coisas quando elas fazem parte de um hábito e conseguimos aperfeiçoá-las. Para

CONCLUSÃO

isso, é preciso perceber que toda ação tem uma consequência, e estudar é uma ação que confere uma reação positiva.

Não há nenhum mal em fazer cortes na mesada e impedimentos de usar o computador e o videogame, ou sair no fim de semana, enquanto as notas estiverem baixas.

Acredite em seu filho e não exija "mais ou menos", não aceite que ele fique na média e que ele se ache inferior aos outros, ou menos capaz. Não é simplesmente implantar isso na mente dele, é fazer com que ele reconheça o poder dentro de si próprio. Apesar de ele ser o maior interessado em melhorar, não está se dando conta disso. Educadores devem objetivar o despertar do pesquisador – essa é a passagem para o sucesso!

Se o adolescente vai para a prova para obter seis ou sete porque com essa nota ele passa, há uma baixa autoexigência, que deve ser trabalhada. Mas como? Por meio de perguntas: "Por que você aceita pouco de si próprio? Você gosta de ser mediano?" Se ele está condicionado a um desempenho mediano, só vai reconhecer suas falhas quando está abaixo da média. Portanto, como ele será, futuramente, no emprego? Será que terá oportunidade de fazer recuperação? Entretanto, o objetivo de ir à escola não é somente pegar o boletim, porque a nota é uma consequência – o treinamento de habilidades e a aquisição de conhecimento, além do prazer de conhecer, são metas importantes.

Na escola ele começa a entender a própria vida, pois lida com as restrições sociais, conflitos no grupo de amigos, hierarquia. Sobretudo, conclui que precisa se posicionar diante

E AGORA, MEU FILHO NÃO GOSTA DE ESTUDAR!

dos fatos da vida. As respostas são cobradas. Nessa instituição ele ganhará cicatrizes que lembrará com carinho.

Não é contraindicado frustrar quando necessário. Certamente que dizer o "não" dá mais trabalho, pois o jovem se direciona aos pais quinhentas vezes com a mesma pergunta e vence pelo cansaço, ou pela birra. Mas quem disse que educar não dá trabalho? Requer criatividade, firmeza, insistência e consistência nas palavras mais simples do cotidiano.

Ajude-o a se engajar nos projetos escolares e nas campanhas. Sente ao lado e questione que tipo de projeto ele faria se fosse coordenador da escola. Faça-o acreditar que pode se envolver em atividades criativas e construtivas.

O crescimento do corpo e o da inteligência precisam caminhar juntos. Conte para seu filho a história do jovem que lançou um desafio a um senhor. Quem cortasse mais cana pagaria o jantar do outro. Pela manhã, ambos pegaram as foices e foram ao trabalho. O jovem, no auge do vigor e da força física, trabalhou incessantemente e o senhor parava periodicamente, cansado. No final do dia, foi feita a contagem e o senhor ganhou. Mas como? Parou tantas vezes? Na verdade, quando ele parava estava afiando a foice. Ou seja, na sociedade do culto ao corpo, também devemos prezar pela saúde mental. Pois a inteligência também é a superação de si próprio.

O jovem que caminha pela vida sem saber para onde vai é porque ainda não sabe de fato seus talentos e aptidões. Quando reconhece o quanto é bom em uma atividade, em uma matéria, ele tende a se especializar, buscar fontes de informações

CONCLUSÃO

e é valorizado nisso. Mas existem talentos verdadeiramente adormecidos pela baixa autoestima, ou pela falta de autoconhecimento. A atuação dos pais pode ajudar a criança ou o adolescente a adotar uma postura diferente. Mas a metodologia que deve ser usada não é a do longo discurso, mas sim a das perguntas-espelho: aquela que faz o estudante olhar para si próprio e ter uma percepção boa de si mesmo, que é o passaporte para vencer a preguiça e alcançar o lugar de destaque.

A autoconfiança necessária não é aquela que faz pensar que é o superestudante, que tem o superultrapoder de memorização, que decorará um livro na véspera da prova. O foco da autoconfiança deve estar na superação do dia a dia, da pesquisa de um tema novo, no cumprimento do horário de estudo e dos resumos da matéria estudada, ou seja, na constante busca das respostas.

Queremos jovens que engrandeçam a humanidade, que ajudem a consertar os erros do passado e construam um futuro mais harmonioso para a convivência humana. O diálogo produtivo é uma das formas de educar. Saber falar e saber também ouvir é um treinamento que começa em casa. O respeito às "pequenas" regras de convivência forma o cidadão de caráter. Para ser um importante agente de mudança positiva para a sociedade, é necessário desfazer a ilusão de uma vida fácil. Para isso, os pais precisam elevar as exigências e expectativas com relação aos filhos.

Se os pais são grandes modelos, eles precisam estar atentos ao próprio posicionamento com relação aos estudos. As reuniões de pais nas escolas, pouco frequentadas, mostram a desvalorização dos pais com relação às escolas. Falta de tempo? Não! Sempre há como encaixar uma atividade na agenda, principalmente, quando ela ocorre poucas vezes ao ano. Mas se os próprios pais acham chato o que os professores e coordenadores têm a dizer, que mensagem eles estão passando para os filhos?

Se educação é tirar os excessos, então avalie quais são os excessos na vida do seu filho. E na sua própria vida. O hábito de trabalho intelectual pode moderar os excessos e aumentar o gosto pela ordem.

Para gostar de estudar é importante ter inquietação intelectual e senso de responsabilidade com a própria vida. E quem não gosta de estudar é um pássaro aprisionado que vê o horizonte apenas pela limitada gaiola. Ele precisa de liberdade, necessita enxergar novas paisagens. Ele tem de, sobretudo, admitir que possa bater fortemente as próprias asas e alcançar os mais altos e deslumbrantes voos!

Recomece. Tranquilize-se. Existem infinitos recursos para ajudar seu filho. O amor que permeará cada atitude realizada fará seu filho compreender que os limites são necessários e que você precisa retirá-lo dessa área de conforto para que ele aprenda a lidar com a vida e construir o próprio ninho.

Participe da vida dele e faça-o participar da sua! Inicie conversas produtivas e convide-o para ler e descobrir coisas novas. Pergunte, não interrogue. Ouça o que ele tem a dizer. Os longos discursos dos pais, muitas vezes, não funcionam.

CONCLUSÃO

Atitudes contam muito. Não seja condescendente com a displicência dele.

Comemore as pequenas vitórias. Corte as regalias, se ele ignorar as regras. Pois se você não ensinar isso, o mundo ensinará! Faça-o se sentir inteligente quando ele lhe apresentar algo que aprendeu. Se você transmitir que o que ele disse é óbvio para você, ele poderá se desestimular.

Hoje é um recomeço para você e para ele. Livre-se das culpas, pois os pais sempre fazem o melhor possível. Estenda a mão, direcione o olhar para ele. O objetivo está traçado: auxiliá-lo a reencontrar o pesquisador motivado que ele era na infância. Existe uma metodologia em suas mãos. Basta confiar em sua capacidade de vender esta ideia. Não existe nada impossível para um coração decidido. Portanto, nunca desista de seu filho. Só assim ele nunca desistirá de si mesmo. Confie nisso!

30 dicas para os pais refletirem

- ✓ Cuide bem de você.

- ✓ Estabeleça regras e cumpra-as. Organize a bagunça.

- ✓ Ensine seu filho a fazer perguntas para si próprio e a procurar as respostas.

- ✓ Passeios pedagógicos são prazerosos sim! Periodicamente, coloque-os em pauta em sua agenda. Você e seu filho terão a felicidade de descobrirem juntos coisas novas.

- ✓ Dê um caderno de resumos para seu filho. Todos os dias assine e date, pelo menos, duas folhas do caderno.

E AGORA, MEU FILHO NÃO GOSTA DE ESTUDAR!

Peça que ele redija o que aprendeu durante o dia. Leia diariamente o que ele escreve.

✓ Elogie sempre que seu filho merecer.

✓ Ouça-o! Desligue o piloto automático na hora que der vontade de começar novamente aquele sermão. Em vez disso, tente entendê-lo. Pergunte o que ele pensa e peça que ele verbalize uma autoavaliação sobre o comportamento inadequado.

✓ Filhos testam limites. Se você proibi-lo de ir à festa por causa do boletim vergonhoso, ele pedirá e repetirá mil vezes: "Posso ir à festa?" "Deixa eu ir à festa?" "Os pais de fulano permitiram!" Não ceda. Tenha voz ativa.

✓ Tome conhecimento do assunto que interessa a seu filho.

✓ Selecione artigos e dê para ele ler! Mas seja também amante dos livros. Lembre-se de que seu filho aprende muito com o que vê.

✓ Leia histórias. Pessoas de qualquer idade gostam de histórias curiosas, que tenham uma boa lição.

✓ Peça para ver o material escolar. Diga: "Que legal essa matéria que você está aprendendo!" "Você gostaria de me falar um pouco sobre isso?"

30 DICAS PARA OS PAIS REFLETIREM

✓ Quando for ao shopping, entre em uma livraria. Peça que ele escolha um livro. Mesmo que ele só leia um capítulo. Faça isso várias vezes. Presenteie. Em certo momento ele apreciará um livro inteiro. No Egito, os livros eram chamados de "grandes remédios para a alma".

✓ Estimule o hábito de escrever cartas – bilhetes em casa. "Bom dia! Como você está se sentindo hoje? Escreva algo para mim!" Os bilhetes podem servir também para enfatizar as regras. Você pode escrever nas roupas acumuladas no canto do quarto: "Leve-me para o cesto!" Essa é uma forma bem-humorada e não desgasta a relação de vocês.

✓ Seu filho precisa ter um horário e segui-lo. Desde cedo deve organizar o tempo de forma produtiva.

✓ Boa educação é moeda de ouro e tem valor em todos os lugares; portanto, ensine sempre a tratar os outros com cortesia. Inclusive você! Não permita que seu filho seja ríspido. Faça com que ele reconheça esse tipo de comportamento como um erro.

✓ Ligue para o colégio e informe-se sobre como está o cotidiano escolar. Depois converse sobre isso.

E AGORA, MEU FILHO NÃO GOSTA DE ESTUDAR!

✓ Nunca critique os educadores na frente de seu filho. Faça suas críticas diretamente à escola.

✓ Discuta assuntos importantes. Selecione bons filmes e deixe que ele selecione outros e façam regularmente sessões de cinema em casa. Não critique o filme que ele escolheu, pois essa é uma oportunidade para conhecê-lo. Depois discutam. "O que você achou? Você concorda com a atitude do protagonista?" Além de perceber os conflitos de seu filho, exercitará a capacidade de interpretação e argumentação dele

✓ Faça jogos, palavras cruzadas, jogo da velha, dama etc.; enfim, desafios pedagógicos com seu filho! Essa é uma oportunidade de desafio mental, estimula uma competitividade positiva. É um momento de convivência produtivo e prazeroso.

✓ Entenda que seu filho possa ter limitações em certas matérias, pois não fazem parte de suas inteligências múltiplas. Portanto, caso ele esteja com muita dificuldade, recorra a eventuais aulas particulares.

✓ Conheça os amigos de seu filho. Faça o convite para passarem um dia na sua casa. Perceba se são jovens que acrescentam algo e ajudam seu filho a crescer.

30 DICAS PARA OS PAIS REFLETIREM

✓ Dê "pequenas/grandes" responsabilidades para seu filho, de acordo com a idade. Se tiver 10 anos, peça para cuidar diariamente do cachorro, por exemplo; se tiver 16 anos, mande-o pagar uma conta no banco.

✓ Ofereça a oportunidade de fazer cursos que sejam do interesse e possam aprimorar os talentos dele. Existem muitos cursos bons e de baixo custo, outros até mesmo gratuitos. Informe-se, divulgue e espere seu filho se manifestar, ou peça que ele procure.

✓ Ensine a logística do dinheiro, ou seja, seu trajeto até chegar à sua casa. Mostre o quanto se gasta em um lar. Faça-o merecer a mesada, caso ele tenha.

✓ Incentive a boa alimentação, ingestão de água ("gasolinas do cérebro") e atividade física.

✓ Regular o sono é muito importante para a aprendizagem. Se necessário, ou seja, se o diálogo não funcionou, retire os fios do computador para seu filho não ficar até altas horas conversando ou jogando no computador.

✓ Peça para que ele pesquise sobre um assunto que tenha preferência. Depois veja e mostre um reforço positivo.

E AGORA, MEU FILHO NÃO GOSTA DE ESTUDAR!

✓ Pense bem no que for dizer, e seja firme.

✓ Eleve a autoestima de seu filho baseando-se nos sucessos dele – assim ele ficará estimulado a continuar realizando atitudes positivas para si próprio.

Este livro foi composto na tipologia Conduit ITC,
em corpo 12/16, e impresso em papel off-white 80g/m²
pelo Sistema Cameron da Distribuidora Record
de Serviços de Imprensa S.A.